A atitude muda tudo

**UM CONVITE À SUPERAÇÃO PESSOAL
E PROFISSIONAL NO MUNDO DOS NEGÓCIOS**

JERÔNIMO MENDES

2ª EDIÇÃO

Copyright© 2018 by Literare Books International.
Todos os direitos desta edição são reservados à Literare Books International.

Presidente:
Mauricio Sita

Capa:
Luciano Augusto Dallago

Diagramação:
Cândido Ferreira Jr.

Revisão:
Literare Books

Diretora de Projetos:
Gleide Santos

Diretora de Operações:
Alessandra Ksenhuck

Diretora Executiva:
Julyana Rosa

Relacionamento com o cliente:
Claudia Pires

Impressão:
Epecê

Dados Internacionais de Catalogação na Publicação (CIP)
(Câmara Brasileira do Livro, SP, Brasil)

```
Mendes, Jerônimo
    A atitude muda tudo / Jerônimo Mendes. --
2. ed. -- São Paulo : Literare Books International,
2018.

    ISBN 978-85-9455-051-4

    1. Atitude - Mudança 2. Desenvolvimento
profissional 3. Escolha (Psicologia) 4. Mudanças
de vida - Acontecimentos 5. Sucesso nos negócios
6. Superação I. Título.

18-13854                                CDD-158.1
```

Índices para catálogo sistemático:

1. Histórias de superação pessoal e desenvolvimento
profissional : Psicologia aplicada 158.1

Literare Books
Rua Antônio Augusto Covello, 472 – Vila Mariana – São Paulo, SP.
CEP 01550-060
Fone/fax: (0**11) 2659-0968
site: www.literarebooks.com.br
e-mail: contato@literarebooks.com.br

A atitude muda tudo

**UM CONVITE À SUPERAÇÃO PESSOAL
E PROFISSIONAL NO MUNDO DOS NEGÓCIOS**

JERÔNIMO MENDES

2ª EDIÇÃO

AGRADECIMENTOS

Minha eterna gratidão a todos os que participaram, de forma direta e indireta, dessa exaustiva e incrível jornada literária.

Sandra Maria, esposa, amiga e companheira de todas as horas.

Guilherme e Rômulo Augusto, filhos queridos que me enchem de orgulho.

Dona Jamile, minha mãe (*in memorian*), que já conhecia um pouco da história antes mesmo de eu escrever o primeiro parágrafo.

James McSill, meu carrasco e consultor literário, o qual me fez evoluir uma década em menos de um ano, em termos literários.

Luciano Augusto Dallago, designer de mão cheia, responsável pela concepção dessa capa maravilhosa.

Aos milhares de leitores que vão torcer, vibrar e se emocionar com a saga de William.

Capítulo 1

O telefone vibrou. Pensei em não atender, ainda estava me recuperando da viagem, mas decidi dar uma chance. Fora do Brasil, as ligações não eram tão frequentes assim.

— Mãe?

— William? Seu pai se foi, filho, para sempre.

— Do que você tá falando, mãe?

— O avião caiu no mar... O mundo não é justo, filho.

— Avião? Fala direito, mãe!

— Heitor estava aprendendo a pilotar, desceu em queda livre. Eu pedi tanto para o seu pai.

— Que avião?! Põe o pai na linha, você não tá falando coisa com coisa, me deixe falar com ele.

— Ele não está mais entre nós, filho. Tome o primeiro voo de volta para o Brasil, não quero que seu pai vá embora sem o seu adeus. Releve o que aconteceu, faça isso por mim.

— Acabei de chegar e a senhora quer que eu volte pro Brasil? Que loucura é essa, mãe?

— Pelo amor de Deus, filho, chega de perguntas.

— Mãe...

Desliguei o telefone sem dizer *tchau*. Pensei no torneio de surfe, um ano de preparação para nada. Era difícil acreditar que, em menos de quarenta e oito horas, meu pai simplesmente havia morrido.

Num surto de raiva, acabei chutando a poltrona da sala e quase quebrei o dedo. Seria difícil carregar a dor de não conseguir me despedir do meu pai depois de tudo o que houve. Se não voltasse, talvez nunca me perdoasse. O que você foi fazer, pai? — perguntei em silêncio.

Depois de duas semanas intensas no Brasil, estava de volta a San Francisco. Minha única certeza era a de que o meu lugar poderia ser qualquer outro lugar do mundo, menos ao lado do meu pai. A última conversa que tivemos foi desagradável, havia muitas diferenças entre nós e isso não me dava o direito de dizer as coisas que disse.

Com seu jeito autoritário, a última palavra era sempre dele e isso me tirava do sério. Por mais que quisesse, era impossível apagar a mágoa. Eu não tinha sangue de barata, foi difícil segurar a onda. Por essas e outras, nosso relacionamento era inconstante, exigências de um lado e do outro acirravam os ânimos. Meu pai era um homem de negócios, o que pouco importava para mim. Meu negócio era outro.

No dia anterior, ao entrar no apartamento que mantinha alugado com meu amigo Johnny, na Lombard Street, depois de dezesseis horas entre voo e trânsito, senti um remorso inexplicável. Deu vontade de chorar, de raiva ou de arrependimento, não sabia direito. Estava determinado a pedir perdão e dizer ao meu pai o quanto ele era importante para mim, mas precisava esfriar a cabeça e reordenar as ideias. Quantas vezes peguei o telefone e recuei? Meu orgulho era bem mais forte do que o meu desejo. De minha parte, posso dizer que havia uma competição desnecessária entre nós, mas era real.

Fiz contato com alguns amigos, confirmei a inscrição no torneio de surfe que aconteceria na semana seguinte e tentei descansar um pouco. Era o primeiro torneio da minha vida e não queria perder a competição de jeito nenhum, havia me preparado o ano inteiro, mas confesso que fiquei abalado.

Contrariado, liguei o *MacBook* e fui direto ao *flying.com*. Não conseguia raciocinar direito, minha mente tornava-se um museu de verdades contraditórias. Gastei alguns minutos na pesquisa enquanto uma torrente de água descia lá fora de maneira inescrupulosa.

Por alguma razão, a *internet* travou. Impaciente, pressionei o teclado com uma força desproporcional à necessidade. Meu desejo era jogá-lo contra a parede, juro, porém precisava dele para pesquisar os voos. Onde vou conseguir passagem de última hora?

Em meio a um turbilhão de pensamentos, retirei da gaveta uma foto na qual estava no colo do meu pai durante as férias de verão na Praia do Rosa. Sentado sobre a cama, com o dorso apoiado na cabeceira, procurei restabelecer uma conexão entre nós enquanto tentava conter as lágrimas. Por um instante, esqueci-me do voo.

As conversas com meu pai sempre foram difíceis. Quando havia alguma oportunidade, não durava mais do que cinco minutos e, na maioria das vezes, terminava em pedidos e promessas. A indiferença e a rispidez eram recíprocas e sufocavam a admiração que ambos sentíamos um pelo outro. Apesar disso, não ir ao funeral dele seria uma decepção para minha mãe. Relevar o passado seria passar por cima de muita coisa, mas ela representava muito na minha vida.

Pouco tempo depois, consegui reiniciar o *MacBook* e voltei a pesquisar os voos, todos lotados. Devia haver lugares disponíveis para emergências em cada voo. Com muita insistência, encontrei um lugar disponível na primeira classe da *American Airlines*, cujo preço era os olhos da cara; quase três vezes o valor da minha mesada. Confesso que me senti desconfortável, sem muito o que fazer, e acabei utilizando o saldo inteiro do cartão para comprar a última passagem no voo das vinte e duas e trinta.

JERÔNIMO MENDES

O torneio de surfe não me saía da cabeça. Pensei em ligar para minha mãe a fim de lembrá-la do evento no domingo seguinte, mas preferi não arriscar. Talvez eu já soubesse a resposta: seu pai aqui, morto, e você pensando no surfe.

Nos últimos tempos, desperdiçamos inúmeras chances de aproximação e raras vezes nos despedimos com um beijo ou um abraço, digno de pai e filho. Nunca propiciamos o clima ideal para aprofundar a origem do distanciamento, um tanto difícil de ser administrado.

Meu pai era uma referência para mim, porém, recentemente, a distância era a única coisa que nos aproximava. Longe dos olhos, perto do coração. Eu o admirava muito e não dava o braço a torcer. Seu jeito de impor as coisas criou um abismo intransponível entre nós.

No domingo anterior à sua morte, tivemos uma conversa mais longa que o habitual. Ele, sentado em sua cadeira de vime na sacada, e eu, mal acomodado no chão da sala de jantar, próximo à porta. Foi uma das poucas vezes em que moderamos a voz. Ele parecia menos autoritário.

Tenho nítido na mente os momentos finais daquela conversa, a qual começou com sua história de vida e foi alternando entre suas dores e conquistas. Ele costumava olhar qualquer pessoa nos olhos, isso me intimidava, era sua característica marcante.

— Preciso de você aqui, filho, é difícil cuidar de tudo sozinho.

— Não é minha praia — respondi seco.

— Você é meu único filho, um dia tudo isso vai ser seu.

— Não tenho vocação pros negócios, pai, nem quero nada disso.

— Eu também não tinha e aprendi a lidar; com um pouco de esforço, você aprende. Você é bem mais inteligente do que eu.

— Quem sabe um dia, quando o senhor morrer!

Ele se calou por um instante e respirou fundo.

— Difícil entender a geração de hoje. Vocês não se interessam por nada, não assumem responsabilidade, não criam nada, não têm causa, não têm guerra, nem projeto de vida. O que vocês querem?

JERÔNIMO MENDES

— Tá brincando? — resmunguei.

— É isso mesmo, a maioria se contenta com pouco, acha normal viver a vida de mesada. E você ainda se meteu com essa porcaria de surfe. Onde você pensa que vai chegar dessa maneira?

— Vá pro inferno, pai, me deixe em paz!

Se não fosse meu pai, teria voado sobre ele; doeu mais que um palavrão. Olhei para ele durante mais alguns segundos e dei a conversa por encerrada. Ah, se o arrependimento matasse!

Ele permaneceu quieto, sentado em sua cadeira de vime, balançando as pernas de um lado para o outro, com os pés suspensos e o mesmo olhar fixo do início, enquanto eu me retirava da sala, levando comigo apenas o orgulho ferido. Qualquer recuo seria admitir a derrota num duelo em que nenhum dos dois queria pôr fim.

Saí de casa sem me despedir. Minha mãe ficou um tanto indignada, ela detestava esse tipo de comportamento. Roberto, amigo da família e motorista do meu pai, foi quem me levou ao aeroporto.

Johnny estava sempre fora de casa. Às vezes aparecia para dormir e cada um de nós vivia à sua maneira. Antes de chamar um táxi, decidi relaxar um pouco no sofá. *O que está feito, está feito* — dizia minha avó. Era difícil ser bombardeado por reflexões incômodas cobrando respostas para questões sobre as quais não fazia a mínima ideia de como resolver.

Quem sabe um dia, quando o senhor morrer! Queria nunca ter dito isso. Onde eu estava com a cabeça, meu Deus? O que nos leva a fazer coisas que não queremos com as pessoas que mais gostamos?

Uma sensação indescritível tomou conta de mim. Deveria estar no lugar dele agora, pensei. Se o mundo soubesse o quanto isso me consome, seria tudo diferente, juro, mas naquele instante era impossível mudar os fatos.

Fechei os olhos e apaguei.

Capítulo 2

Quase caí do sofá, faltavam duas horas para o embarque. Assustado, liguei para um amigo que mora em San Francisco há anos e mantém uma frota de veículos para traslados e passeios turísticos. Por ser brasileiro, entenderia melhor o meu drama. Precisava ver meu pai pela última vez.

— Jota? Preciso de um carro com urgência, tenho que voltar ao Brasil.

— Como assim? Mandei te buscar ontem de manhã no aeroporto, pirou?

— Meu pai morreu, *brother*.

— Que é isso? Não brinque com uma coisa dessas.

— Sério, acabei pegando no sono, posso contar contigo?

— Chego aí em vinte minutos.

Foram os vinte minutos mais longos da minha vida, a demora me fez roer as unhas até a raiz em frente ao prédio. Quando Jota chegou, joguei a mala no banco de trás e me atirei no banco da frente.

— Meus sentimentos, William.

— Valeu, Jota — respondi sem dar muita importância.

Parece que todo mundo havia decidido pegar um avião naquele dia. Por mais um pouco, desceria do carro e sairia correndo para evitar outra decepção.

Próximo à entrada, consultei o Jota, que apenas chacoalhou os ombros. Eram mais ou menos quinhentos metros até a porta principal.

— Acho melhor descer e caminhar até lá — sugeri.

— Com barreiras e tudo, pode dar mais de um quilômetro — Jota alertou.

Meu preparo físico era razoável e depois haveria tempo para descansar no avião. Decidi arriscar, me despedi e saí arrastando a mala que, ao fim do trajeto, parecia ter cem quilos. A droga é que esqueci de pagar a corrida e o Jota não fez a mínima questão de lembrar.

Uma fila interminável me aguardava no *check-in*, quase não acreditei. O burburinho típico de aeroporto parecia ter triplicado. Uma assistente da *American Airlines* olhou na minha direção e pareceu adivinhar o meu drama.

— Por Deus, ajude-me! Estou indo para o funeral do meu pai no Brasil — arrisquei em inglês.

— Venha comigo — ela disse sem hesitar.

Para minha surpresa, ela foi abrindo caminho e me deixou no guichê de prioridades mediante dezenas de olhares constrangedores. Com a passagem de primeira classe na mão, o tratamento era outro.

Na penúltima fileira do avião, um casal comemorava efusivamente sua primeira viagem ao Brasil. Depois de um dia intenso, consegui recostar a cabeça no banco e fazer de conta que havia dormido. De vez em quando era traído pelo cansaço e minha cabeça despencava, ora de um lado, ora de outro. Entre tantas turbulências, alternadas com o bate-papo interminável do casal, era difícil desviar os pensamentos do Brasil.

Da janela, vi o rosto do meu pai flutuar entre as nuvens. *Quem sabe um dia, quando o senhor morrer!* — lembrei. Droga! Pensei na minha mãe, o que seria dela a partir de agora? Como ficariam a empresa e os empregados? Meu pai não podia ter feito isso com a gente.

Com o tempo, ela havia se tornado uma excelente administradora do lar, apesar de ter curso superior. Meu pai nunca deixou que se envolvesse com os negócios, dizia ter bons empregados e jamais escondeu o desejo de me ver no comando da empresa, algo impensável.

Naquela imensidão dos céus, lembrei-me do dia em que conversamos a respeito do seu sonho de criança. Ele já havia repetido aquilo mais de mil vezes e, a partir da segunda vez, ninguém contestava. Quando minha avó perguntava sobre qual presente gostaria de ganhar, a resposta era sempre a mesma:

— Um avião.

— Enlouqueceu, menino? Você nunca vai ter um avião.

— De brinquedo, mãe. Quando eu for rico, compro um de verdade.

— Em primeiro lugar — disse minha avó com firmeza no olhar —, você vai estudar e trabalhar. Esse negócio de avião é perigoso e, além do mais, onde vai arranjar dinheiro pra isso?

— Um dia ainda vou ter o meu avião, a senhora vai ver.

— Vai sonhando, quem sabe um dia? Porém, antes você vai estudar e ganhar dinheiro.

Agora, posso compreender tudo e não posso mudar nada. Uma frase do meu pai ainda ecoa nos meus ouvidos: *nunca é tarde demais para ser aquilo que sempre se desejou ser.* Nesse sentido, ele era digno de admiração, uma pessoa determinada.

Pouco tempo depois, acordei assustado com a voz do comandante Lee desejando bom-dia e compartilhando as primeiras informações sobre o pouso.

JERÔNIMO MENDES

Meu pescoço doía, ameaçava um torcicolo. Enfim, eu estava de volta ao Brasil contra a minha vontade. Havia conseguido dormir um pouco durante o voo e, embora estivesse me sentindo cansado, nem parecia que havia saído do mesmo aeroporto há menos de dois dias.

Do alto, o Rio de Janeiro continuava imbatível.

No corredor de acesso à alfândega, uma nova batalha se desenhava. Era difícil ver o início, porém o fim da fila parecia longe. Calculei em torno de duzentas pessoas exaustas, a maioria reclamava. A cerimônia do meu pai estava programada para as cinco da tarde, comecei a rezar para dar tudo certo. Na medida em que a fila avançava, minha impaciência crescia. Depois de carimbar o passaporte, tentei acelerar o passo a fim de me livrar daquele calvário.

Na saída, um agente da Polícia Federal me convidou a acompanhá-lo, queria conferir a bagagem. Não era o meu dia de sorte, pensei. Droga!

— Por favor, amigo, me livra dessa — sugeri de forma impensada.

— Como assim, tem algo que eu não possa ver na sua bagagem?

— Tô passando por um momento difícil, só isso.

— Eu também — retrucou o agente, já indicando o caminho para uma sala reservada —, são mais de dez horas aqui sem intervalo.

Durante os primeiros minutos de inspeção, eu procurava argumentar de todas as formas, porém ele não se comoveu.

— Tudo certo? Estou liberado para o enterro do meu pai?

O agente esbugalhou os olhos.

Na área do *check-in* nacional foi necessário redespachar a mala e, mais uma vez, tive que recorrer ao atendente da BLA, em meio a um novo caos, típico dos aeroportos brasileiros. No guichê da companhia, uma voz pouco acolhedora iniciava o martírio.

— Perdão, senhor, este voo já foi encerrado.

— Como assim? Estou há mais de duas horas nesse maldito aeroporto, tenho que embarcar.

— Lamento, este voo foi encerrado e ninguém mais vai embarcar. De acordo com as normas da ANAC, todo embarque deve ser finalizado com trinta minutos de antecedência.

Olhei no relógio, faltavam vinte e sete minutos para a decolagem.

— Washington — disparei depois de conferir o nome dele no crachá —, eu quero que a ANAC vá pro inferno! Passei a noite inteira num avião e meu pai tá me esperando dentro de um caixão em Curitiba.

Ao lado, outra atendente, pelo jeito bem mais experiente, pediu calma e prometeu levar o assunto para o supervisor. Diante do impasse, o mau humor dominava o ambiente e acabei me tornando o centro das atenções, confesso que foi constrangedor.

— Infelizmente, não é possível colocá-lo neste voo. Estamos tentando outro que sairá daqui a uma hora, por favor, mantenha a calma.

Senti vontade de pular por cima do balcão e eu mesmo fazer o *check-in*. Uma hora seria muito tempo, então, liguei para minha mãe.

— Filho do céu, onde você está?

— No Rio ainda, mãe, no meio de uma confusão. Não posso explicar agora; consegue segurar um pouco mais a cerimônia?

— Tudo aqui tem horário, filho.

— Não tenho como fazer milagre. Mande alguém me buscar no aeroporto, assim fica mais fácil quando chegar.

— Vou pedir ao Roberto para buscá-lo e ver o que posso fazer por aqui.

Desliguei o telefone mais uma vez sem me despedir. Lembrei-me do Johnny com suas frases de efeito: *a realidade é o que ela é e não o que você gostaria que fosse*. Ele tinha razão, era muita coisa para minha cabeça.

JERÔNIMO MENDES

Ao lado do guichê, fiquei torcendo para evitar o pior. Depois de alguns minutos, fui autorizado a embarcar. Antes de seguir para a área de embarque, enviei um sinal nada amistoso com o dedo médio para Washington, ele merecia.

No corredor de acesso aos equipamentos de raio x, dois agentes armados apareceram na minha frente, acompanhados do infeliz do Washington. Eu não fazia a menor ideia do que acontecia.

— O que você fez lá atrás não é digno de um cavalheiro que recebeu ajuda da companhia aérea mesmo estando errado — disse um deles com a mão já posicionada no meu braço esquerdo.

— Não sei do que você tá falando — respondi assustado.

— Podemos ver a imagem na sala de segurança — ele sugeriu.

— Eu estava fora de mim — justifiquei depois de refletir.

— Peça desculpas ao colega aqui — o segundo agente recomendou em tom de ameaça, referindo-se ao Washington —, a menos que disponha de tempo para nos acompanhar por mais alguns minutos.

Pensei outra vez no meu pai e, embora nunca tivesse apoiado minhas escolhas, tive que engolir meu orgulho. Naquele momento, ele era a pessoa mais importante da minha vida. Suei frio por um instante, estava colocando em risco meu objetivo. O agente ficou olhando para mim.

— Desculpa, foi mal — disparei a contragosto.

Capítulo 3

Às quatro e vinte da tarde, quando o avião se aproximou de Curitiba, o piloto anunciou que aguardava autorização da torre para descer. O tempo parecia horrível, dava medo só de olhar pela janela. Em questão de fé, eu andava meio enferrujado, mas naquele momento fechei os olhos e, em silêncio, pedi a Deus para conseguir chegar a tempo de segurar a alça do caixão do meu pai. Ficamos sobrevoando a cidade enquanto um verdadeiro dilúvio acontecia lá embaixo. Vinte minutos além do previsto, o avião aterrissou.

Minha mala era a penúltima da esteira, parecia uma provação.

Na área de desembarque, uma multidão de pessoas; algumas alegres, outras nem tanto. Roberto acenou com a mão, me senti mais tranquilo. Além de amigo da família, era ele quem me levava à escola quando eu era pequeno, nossa ligação vinha de longa data.

— Meus sentimentos — disse Roberto, seguido de um abraço.

— Obrigado, meu amigo — respondi emocionado.

— Fez boa viagem, campeão?

— Mais ou menos, no caminho a gente conversa.

Roberto tinha mania de me chamar de campeão. Era um negro alto, forte, cabelo ralo e esbranquiçado, beirando os sessenta anos, por quem ainda mantenho enorme respeito desde criança. Em termos de diálogo, ele supria bem a ausência do meu pai.

— Heitor era bom demais — ele comentou concentrado no trânsito. — Vai ficar para sempre na minha memória e no meu coração, lamento muito.

O sentimento de perda era comum entre nós, talvez mais para ele do que para mim, pelo fato de ser alguém que acompanhou o crescimento do meu pai como empresário desde os tempos do CEAB, onde começaram juntos. Eu ainda não havia me dado conta da gravidade do assunto e tudo que desejava naquele momento era conseguir olhar o rosto do meu pai pela última vez.

— Estamos atrasados, campeão. São mais de vinte quilômetros até lá e o trecho está cheio de obras, além da chuva.

— Acelera o que der.

— Seu pai deixou um legado fantástico, campeão; disse que faria de tudo para você assumir a empresa. Ele tinha orgulho de você e era inconformado com o fato de você estar longe de casa, metido com esse negócio de surfe. Nos últimos tempos, ele só falava disso.

— Não quero conversar sobre isto, Roberto.

— Tudo o que ele construiu vai ser seu agora.

— Pouco me interessa — comentei, disposto a pôr fim naquela conversa desagradável.

Roberto tinha razão. Aos trinta anos, meu pai já havia se tornado um próspero comerciante de frutas e verduras na periferia de Curitiba, cidade que adotou aos dezessete anos, quando fugiu de casa por não suportar mais o sofrimento da minha avó, Ana Ermínia, e as brigas com o padrasto. Aos poucos, o sonho de se tornar piloto acabou sufocado.

JERÔNIMO MENDES

Ele não chegou a conhecer o pai. Quando ainda provocava chutes na barriga da minha avó, meu avô morreu num acidente de carro e a situação da família se agravou. Minha avó era uma simples dona de casa que mal conseguia pagar as contas básicas lavando e passando roupas para amigos e vizinhos.

Nos dez anos seguintes, ela tentou um novo relacionamento conjugal por duas vezes seguidas. No primeiro caso, a união não resistiu ao peso da instabilidade financeira e ao gosto do companheiro por jogos de azar. Era bom sujeito, contador de piadas, de sorriso fácil, mas não conseguia controlar seus impulsos nas casas clandestinas de jogos. A relação durou pouco.

No segundo caso, o companheiro esforçava-se para ser um bom marido e era péssimo com os enteados. Chegava em casa altas horas da noite, bêbado, chutando a mesinha da sala e, aos berros, arrancava minha avó da cama e a obrigava a preparar algo para ele comer antes de cair no sono.

Meu pai era testemunha do drama e, também, do descaso dos irmãos mais velhos com a situação. Por várias vezes, sofreu calado debaixo da cama em meio aos escândalos do padrasto a qualquer hora da noite.

Certa vez, ao tentar interceder, levou uma bofetada que lhe custou dois dentes da arcada inferior. Quando me contava isso, chorava muito e acabava me emocionando também.

— *Deixe minha mãe em paz, seu monstro* — dizia meu pai.

— *Moleque atrevido, saia da minha frente antes que eu faça uma loucura* — ameaçava o padrasto.

— *Vou denunciar você pra polícia.*

— *Faça isso, pirralho, e nunca mais vai ver a sua mãe. Eu boto todo mundo pra fora de casa.*

Minha avó aguentava firme. Digo sempre que ela vai para o céu com tripa e tudo. Não desejo nada parecido nem para o meu pior inimigo. Quando ele morreu de maneira estúpida perto de casa, de certa forma, foi um alívio.

Penso que o meu pai nunca se curou de tudo isso. Eu sentia orgulho dele e ao mesmo tempo raiva por tudo o que aconteceu; reconheço, uma coisa não justifica a outra. Era complicado lidar com isso, nossas histórias eram diferentes, talvez devesse levar em consideração tudo o que ele passou na vida.

— Chegamos — disse Roberto, interrompendo meus devaneios.

O local estava tomado de veículos por todos os cantos; o céu parecia tão fúnebre quanto a situação pela qual eu passava. Uma chuva intermitente e fina persistia, foi difícil encontrar lugar para estacionar. Tudo conspirava contra. Quando Roberto conseguiu, desci do carro e saí em disparada, como se fosse a minha última missão na Terra, mal fechei a porta do carro.

Na capela onde meu pai havia sido velado, nenhuma viva alma. Do mesmo jeito que entrei, eu saí, sem saber para onde correr. Havia tanta gente indo e vindo, demorei a localizar o cerimonial. Desnorteado, enfiei-me no meio da multidão e fui pedindo passagem. Ao me aproximar, minha mãe desabou em meus braços. Houve um princípio de tumulto, mas consegui segurá-la enquanto ela recobrava os sentidos em meio aos olhares apreensivos.

Minha avó parecia em transe; deve ser duro enterrar um filho quando se espera o inverso, pensei. Ela derrubava suas últimas lágrimas durante o discurso do padre Dário, amigo da família, rasgando elogios e clamando pela piedade divina à alma do meu pai. Era difícil aceitar que aquele homem ativo e determinado tivesse partido na metade do caminho, sem qualquer histórico de doenças. Fiquei compadecido, confesso, e ao mesmo tempo indignado.

Minha avó se aproximou e colocou a mão no meu ombro. Ao olhar para ela, vi o rosto do meu pai e tomei um susto, meu coração foi a duzentas batidas por minuto.

— Pai!

Todos os olhares se voltaram para mim, minhas pernas tremiam.

JERÔNIMO MENDES

— Cadê o meu pai?

— Nos braços de Deus — alguém respondeu.

— Preciso falar com ele nem que seja pela última vez.

— Não foi possível esperar — minha mãe justificou.

De joelhos, abraçado ao túmulo, tentei transmitir toda a dor que sentia naquele momento. Por um instante, preferia estar ali no lugar dele.

— Droga, nunca vou me perdoar — resmunguei.

— Não diga isso, meu neto.

— Você não devia ter feito isso comigo, pai.

Um forte relâmpago iluminou os céus de Curitiba, os raios começaram a se multiplicar, a chuva intensificou. Roberto se ajoelhou ao meu lado e colocou o braço por cima do meu ombro.

— Vamos embora, campeão; o que está feito, está feito.

Não conseguir ver o rosto do meu pai pela última vez foi o pior castigo que já havia recebido. A última lembrança dele ficou congelada naquela cadeira de vime, quando discutimos no domingo anterior: *quem sabe um dia, quando o senhor morrer!* Onde estava com a cabeça quando pronunciei aquela asneira? O mundo não é justo.

Roberto ajudou-me a levantar. Quando olhei em volta, notei que nenhum dos meus tios estava presente. Meu pai foi o único dos irmãos que se deu bem na vida. Talvez houvesse alguma desavença entre eles que eu desconhecia, achei uma tremenda falta de consideração.

Na saída do cemitério, uma senhora de cabelos brancos aproximou-se e cumprimentou a todos. Minha mãe e minha avó retribuíram.

— Conheço a senhora? — perguntei com uma vaga lembrança.

— Estela, amiga do seu pai.

Roberto e mamãe se entreolharam.

JERÔNIMO MENDES

— Seu pai era a pessoa mais generosa que conheci na vida — expressou com os olhos carregados de lágrimas. — Aquele caixão levou um pedaço de mim, uma história bonita.

Estela foi a grande mentora do meu pai no começo da carreira, segundo minha mãe, por quem ele nutria admiração e respeito. Há anos ninguém ouvia falar dela, motivo pelo qual as duas se emocionaram. Percebi que a ligação entre elas era forte.

Capítulo 4

Depois de mais de vinte horas sem banho e sem descanso, eu não aguentava mais. Queria me enterrar debaixo dos lençóis e não levantar tão cedo; antes, tinha que convencer mamãe a concordar com a volta para San Francisco porque, do contrário, nem saberia das consequências.

Dentro do carro, uma autoconspiração silenciosa tomou conta de mim e eu só pensava no torneio de surfe. Nunca desejei tanto que meu pai estivesse vivo como desejava naquele momento. Mamãe permaneceu calada durante o trajeto, evitei abordá-la, o momento era impróprio. Em casa seria diferente, havia pouco tempo para decidir e meu futuro estava em jogo. Roberto se limitou a dizer algumas palavras de consolo e acabou falando sozinho. Vovó parecia em transe, apesar da experiência de vida.

— Ainda bem que você voltou para me ajudar com as coisas da empresa, filho — minha mãe insinuou assim que descemos do carro.

Fiquei imaginando o que ela queria dizer com isso. Pensei em rebater, mas segurei a língua, ela ainda estava amortecida com a morte do meu pai.

JERÔNIMO MENDES

Depois do jantar, tentei iniciar um diálogo amistoso. A ansiedade estava me consumindo.

— Por que não agora, mãe?

— Hoje não, filho, não quero saber de mais nada.

— Por favor, mãe — insisti.

— Vá descansar, boa noite.

Apesar do cansaço, dispensei a cama e fui direto ao escritório. Queria acessar a *internet* e descobrir alguma coisa sobre o torneio.

Ao abrir o navegador do *MacBook*, uma chamada na página principal roubou minha atenção: *Rei da Fruta perde a vida em acidente de avião.* Eu tinha pouca noção da sua notoriedade. Meu pai trabalhava feito louco e, de um dia para o outro, seus olhos jamais voltariam a se abrir. Ninguém mais poderia contemplar aquele sorriso enigmático, aquele jeito rude e inquisidor nunca mais seria colocado em prática. Seu olhar era desconcertante, bastavam alguns segundos para entender o que não era do seu agrado. Senti isso na pele algumas vezes, o que aumentava ainda mais a barreira entre nós.

Na mesma cadeira em que ele sentava, meu cérebro conspirava. Minha mãe teria que concordar comigo, pensei, eu ia embora de qualquer jeito. A última coisa que imaginava era abrir mão do meu sonho.

Passei os olhos sobre o tampo da escrivaninha e vi alguns documentos espalhados, não me diziam muito. Do lado direito, havia diversos portarretratos: meus pais em Paris; eu, ele e minha mãe na praia; um completo, com toda a família; e outro com ele, Roberto e tio Wladimir. Espalhados pelas paredes, havia certificados de reconhecimento, prêmios, troféus, fotos com empresários e políticos, uma vista aérea da empresa, além de quadros decorativos com frutas e verduras. Fiquei contemplando aquele cenário por alguns minutos e tive vontade de jogar tudo no lixo. O portarretrato com a família sorrindo era cruel, remetia ao passado, isso me torturava.

JERÔNIMO MENDES

Uma pilha de extratos bancários me chamou atenção, nunca havia me preocupado com nada que dizia respeito aos negócios do meu pai. Naquele mais recente, o saldo negativo era evidente, milhões de reais. Meu pai tinha aversão a dívidas, empréstimos e coisas desse tipo, estranhei o fato. Se o saldo estivesse correto, seria preocupante. Intrigado, pensei em chamar minha mãe, mas decidi não incomodar. Poderia abordá-la na manhã seguinte, então, fiquei por ali, sentado, balançando a cadeira de um lado para o outro, como meu pai sempre fazia. Aquela maldita frase me castigava: *quem sabe um dia, quando o senhor morrer!* Por que eu deveria carregar essa dor para o resto da vida?

Comecei a pensar na volta para San Francisco, queria esquecer tudo e retomar a vida em vez de ficar perdendo tempo no Brasil. Era difícil pensar em algo diferente do surfe, embora ainda estivesse penando para ganhar dinheiro com isso. Eu teria uma semana para me preparar melhor e aquele torneio seria uma grande guinada, pensei. Eu contava com a compreensão da minha mãe, embora ela não desse o mínimo sinal de apoio.

Na parede, o antigo relógio-cuco marcava dez da noite. Era um presente do tio Kurt, relojoeiro alemão. Eu adorava aquela máquina. Quando era pequeno, subia na cadeira e adiantava os ponteiros só para ver o bicho cantar: cuco, cuco, cuco... O relógio ainda funcionava, porém o cuco estava aposentado.

Quanto menos eu queria pensar no meu pai, mais as coisas brotavam da minha memória. Entre a mesa dele e o balcão, havia uma pequena mesa de centro com um envelope. Dentro, encontrei uma foto antiga da família, com meu pai, meus tios e minha avó.

Ele era o caçula de oito irmãos e sempre foi o mais próximo de minha avó, mulher de fibra, a qual se dividia entre os afazeres da casa e a preparação de doces e salgados para bares e lanchonetes do lugar onde morava, Lagoa, um vilarejo aprazível no interior do Estado. Quando decidiu sair de casa, minha avó chorou por três dias seguidos.

Por algum tempo, hesitou em permanecer em Curitiba, dividido entre a vontade de ganhar dinheiro e o arrependimento. Ele, tia Celina e minha avó eram muito apegados; os dois irmãos eram os únicos que se encorajavam a interferir nas investidas violentas do padrasto.

JERÔNIMO MENDES

De noite, papai ficava atento e, quando o portão rangia, tia Celina corria para avisar. Vó Ana fingia dormir para evitar o assédio e, para desespero dos filhos, assim mesmo acabava molestada, embora apelasse em nome deles.

— Quero que morram — gritava o padrasto fora de controle.

— Não diga isso — vovó rebatia.

— São seus filhos, não meus.

— Pelo amor de Deus!

— Vagabundos, só me dão despesa.

— Nunca chame meus filhos de vagabundos!

A distribuição de bofetadas era comum. Vó Ana aguentou o quanto foi possível, tinha consciência do estado alcoolizado em que ele se encontrava. No dia seguinte, era como se nada tivesse acontecido. Ele sentava-se à mesa do café com jeito de arrependido e, apesar das besteiras que fazia, trazia no bolso um pirulito para cada enteado. Alguns aceitavam por medo, outros por fome.

Certo dia, numa atitude de desespero, ela decidiu entregar os filhos para os amigos e parentes mais próximos cuidarem, na medida em que a situação da família se deteriorava. Em menos de uma semana, conseguiu lugar para Mariazinha, Luana e Tiago. José foi entregue a um casal de conhecidos, nunca mais tivemos notícias dele. Adão casou cedo e se mandou.

Davi, o mais velho, há muito tempo havia saído de casa. Uma ou duas vezes por ano, fazia uma visitinha de médico com alguns mimos baratos à mão para agradar a mãe. De sorriso indecifrável, aparecia sempre bem arrumado, de terno impecável, camisa engomada, gravata de seda e sapatos reluzentes. Não ligava para os irmãos, fazia vista grossa para tudo, entrava e saía de casa com a mesma frieza com a qual era tratado pelo padrasto.

Quando chegou a vez de tia Celina e do pai, vó Ana ficou em dúvida. O pai tinha oito anos e a tia, dez. A única família que se dispôs a cuidá-los, indicada por um vizinho, morava do outro lado do Estado. Sem dinheiro para cobrir o básico, minha avó decidiu entregar os dois em troca de casa e comida.

JERÔNIMO MENDES

No dia combinado, meu pai chorava muito e tia Celina completava o coro de lágrimas. Irritado, o casal decidiu levar apenas um e a opção foi por ele, para desespero de minha avó. Juntos, poderiam confortar um ao outro, segundo ela, porém a mulher foi irredutível.

— Por Deus — implorava minha avó —, os dois são muito apegados.

— Se for assim, não levamos ninguém — antecipou a mulher. — A senhora decide, estamos fazendo mais do que a nossa situação permite.

— Meu coração tá apertado — insistiu minha avó.

Diante do impasse, ela pediu ao casal que voltasse mais tarde. Alegou que precisava de um pouco mais de tempo para pensar e não se arrepender.

— Viemos de longe, dona Ana. Decida logo, não temos tempo a perder — retrucou a mulher de forma grosseira, o que a deixou ainda mais apreensiva.

A hora do almoço foi decisiva, segundo me contou, emocionada.

— Olhei para o Heitor, olhei para Celina, os dois ali de joelhos, debruçados sobre a mesa feito dois inocentes à espera da sentença final, e pedi a Deus uma luz. Eu queria morrer.

No horário combinado, o casal apareceu.

— A senhora já tem uma decisão, dona Ana? — perguntou o marido sob o testemunho inquisidor da esposa.

— Se não levarem os dois, não vai nenhum — ela respondeu.

— Então não tem jeito — retrucou a mulher —, não vai ninguém.

— Melhor assim — disse vovó.

— Que brincadeira de mau gosto, dona Ana, nunca mais eu apareço aqui — resmungou a mulher.

Vó Ana ficou aliviada, ajoelhou e chorou ali mesmo, na sala.

Quando dei por mim, era meia-noite, minha cabeça fervia. Arrumei as coisas do jeito que deu e fui para o quarto. Se a conversa for indigesta amanhã, pensava, vou tomar uma atitude radical. Minha mãe teria que aceitar.

Capítulo 5

Fiquei remoendo a noite toda sobre aquele bendito extrato bancário e a melhor maneira de abordar o assunto. Meu pai havia quebrado ou escondia as dívidas? Havia outra mulher na jogada? Talvez estivesse desviando dinheiro para contas no exterior sem o conhecimento da minha mãe.

Meu voo de volta estava programado para segunda-feira à noite. Com o tempo, tudo voltaria ao normal — imaginava. Minha mãe era uma mulher segura, braço direito do meu pai, não teria dificuldades de levar o negócio adiante. Além do mais, uma empresa como Rei da Fruta devia contar com executivos de primeira linha; exceto meu tio, aquele infeliz.

De manhã, enquanto minha mãe dormia, voltei ao escritório a fim de garimpar algo que justificasse aquele número incômodo. Numa das gavetas, mais extratos bancários. Por que meu pai mantinha aqueles documentos em casa em vez de mantê-los na empresa? Ao analisar extrato por extrato, percebi que o problema vinha de longe, aquilo não me soava bem.

— Como passou a noite, filho?

Quase caí da cadeira, a ponto de bater o joelho contra a gaveta, quando minha mãe entrou no escritório sorrateiramente.

— Que coisa, mãe, custava bater na porta? — perguntei enquanto esfregava o joelho com as mãos a fim de amenizar a dor.

— Perdão, filho, não quis assustá-lo.

— Eu estava aqui pensando no que aconteceu. É como se a vida implodisse dentro da gente; hoje você discute com uma pessoa e amanhã, sem mais nem menos, ela desaparece da sua vida.

— Agora não adianta mais pensar, temos que seguir em frente. Quero que fique por dentro da situação da empresa.

— A senhora tá me deixando preocupado.

— Deixe a preocupação para quando assumir o lugar do seu pai.

Parei tudo e recuei a cadeira no mesmo instante.

— Como assim, quem disse que vou assumir o lugar dele? Isso nunca esteve nos meus planos, já falei que o meu mundo é o surfe; na segunda eu volto pra San Francisco.

— O café está na mesa, mais tarde a gente continua. Sua avó já levantou, tenha paciência, ela ficou muito abalada.

Sentei à mesa do café, sem vontade alguma de comer. Tomei um pouco de suco e peguei um pedaço de bolo para disfarçar. Minha mãe não estava bem, nem eu nem minha avó. Como meu pai havia chegado tão longe com tanta dívida? As duas sabiam de alguma coisa? Ensaiei tocar no assunto e acabei utilizando uma abordagem diferente.

— Como foi que o pai começou o negócio de frutas?

JERÔNIMO MENDES

Toda vez que ele tentava me colocar a par, minha paciência para ouvir era mínima. Nesse sentido, confesso que fui rude com ele.

— É uma longa história, filho — minha mãe respondeu.

— Gostaria de saber — insisti.

— Quando veio pra Curitiba — prosseguiu minha mãe, entre uma xícara e outra de café com leite —, ele conseguiu abrigo num galpão disponível nos fundos do CEAB, tradicional centro de abastecimento de frutas e verduras da Região Metropolitana, igual a tantos outros jovens daquela época.

— Com quantos anos, mãe? — perguntei com interesse.

— Não lembro direito, acho que quinze ou dezesseis; a maioria vinha do interior, em busca de emprego na cidade grande. No CEAB, Heitor procurou por Estela, comerciante bastante conhecida. Ela simpatizou com seu pai, emprestou a ele um pouco de dinheiro, arranjou algumas roupas, comida, um cantinho para morar, alguns livros e ainda o ajudou no tratamento dos dentes.

— Assim, do nada?

— Deixe sua mãe falar, filho — repreendeu minha avó.

— Heitor trabalhava duro, sabia cativar as pessoas. Não tinha registro em carteira, o salário era razoável, ainda mais na idade dele. Ele fazia questão de enviar o pagamento pra sua avó, quase que inteiro, a fim de ajudar nas despesas da casa e ficava com quase nada.

— E a senhora, acabou se conformando, vó?

— No dia em que Heitor saiu de casa, achei que o mundo ia desabar e ele nunca mais fosse voltar. Seu pai era a única coisa que ainda me fazia viver. Naquele dia, vi uma única lágrima cair do seu rosto. Heitor parecia durão, mas tinha seus momentos de entrega.

— Concordo — observei.

— Depois nos despedimos com um beijo e um abraço demorado. Seu pai tentou disfarçar o choro e disse algo que nunca esqueci: *a senhora ainda vai ter orgulho de mim*. E eu respondi: *eu já tenho*; depois, não consegui pronunciar uma palavra. Da janela, vi Heitor desaparecer no fim da rua enquanto meus sentimentos alternavam entre dor e alegria. Passei noites e noites acordada, imaginando que um dia ele fosse bater naquela porta, mas isso nunca aconteceu.

— Quando você foi embora — minha mãe emendou —, eu também fiquei angustiada, com medo de que nunca mais voltasse.

— A gente cria os filhos pro mundo — completou minha avó. — Pai e mãe são meros instrumentos de geração; depois eles crescem, criam asas e se mandam, às vezes esquecem da gente.

— O meu caso é diferente, cada um faz o seu caminho.

— Um dia você vai ter filhos — alertou minha avó.

— Não quero essa alegria tão cedo, vó.

— Agora você diz isso, depois muda.

— Talvez por essa razão ele nunca tenha insistido para você ficar no Brasil — minha mãe emendou. — Deve ter sentido na pele a mesma sensação de liberdade que você sentiu quando foi embora para os *States*.

Aquela conversa foi um alento. Falar do meu pai significava manter a memória dele viva, apesar das diferenças abissais entre nós. De alguma maneira, eu aprendia a conhecê-lo melhor. Terrível dizer isso, porém é difícil consertar o passado.

— Como a senhora conseguiu se virar, vó?

— Tudo tem jeito. Dois meses depois, meu companheiro foi morto perto lá de casa, bateram nele até o último suspiro. Ninguém quis ajudar, todo mundo ficou com medo; quando a polícia chegou, ele já não respirava mais. O rosto ficou irreconhecível.

— Como é que pode isso?

— Ele estava sem dinheiro e deve ter afrontado os bandidos. Depois de tantas decepções, decidi viver sozinha. A morte dele me livrou do sofrimento e, embora nunca quisesse o seu mal, aprendi a perdoar.

— E como a senhora fez pra viver?

— Trabalhei feito condenada — prosseguiu minha avó sob o olhar atento de minha mãe. — Com ajuda de sua tia Celina e o dinheiro que seu pai mandava, comecei a fazer bolos, doces e salgados para vender, varava as noites a fim de dar conta dos pedidos, me restaram as varizes. Em Lagoa, todo mundo se ajudava, as pessoas eram mais receptivas do que na capital. Tenho saudades daquela terrinha apesar de tudo o que passei; por mim, nunca teria saído de lá.

— Lembro um pouco dessa história. Ouvia o pai contando nas ceias de Natal e de Ano Novo, que ele fazia questão de estragar com as lembranças do passado. Mesmo irritado, nunca tive coragem de interromper; algumas vezes, saía da mesa e a mãe me fazia voltar.

— Natal sempre foi sagrado aqui em casa — acrescentou minha vó. — Era uma das poucas vezes do ano em que a gente conseguia se reunir para uma refeição em família, por mais simples que fosse, em clima de paz.

Emocionada, minha avó deu um tempo. Minha mãe voltou ao assunto da empresa, era difícil esconder a minha insatisfação.

— Você tem que ficar para me ajudar a decidir as questões da empresa, filho, a situação é péssima. Seu pai contraiu muitos empréstimos, a empresa está com sérios problemas de caixa.

— A empresa tá no vermelho há dois anos, a senhora sabia disso?

— Ele nunca entrava em detalhes — explicou minha mãe. — Acho que, no fundo, ele escondia os números e preferia manter as aparências diante dos amigos enquanto pensava numa solução; ele sempre dava um jeito.

— São alguns milhões apenas num banco, nem sabemos do resto, como é que a senhora deixou chegar a esse ponto? Você também é sócia, mãe, tem obrigação de saber. Por que nunca exigiu dele uma prestação de contas?

— Eu confiava no seu pai — respondeu irritada —, nunca tive motivos para duvidar. Além do mais, nosso patrimônio é grande, podemos quitar as dívidas.

— Bom, mãe, se você sabe o que fazer, não há razão pra esquentar a cabeça. Não vou fazer falta.

— É difícil entender essa sua falta de sensibilidade para as coisas da família. Como acha que vou dar conta de tudo isso sozinha? Você quer me ver no cemitério igualzinho ao seu pai?

— Sem drama, mãe, por favor.

— Se você ainda tem um mínimo de consideração por mim e pelo seu pai, fique para me ajudar.

— Minha decisão tá tomada, mãe.

— Se você for embora, eu vendo a empresa.

— De jeito nenhum — respondi com um soco na mesa.

— Você já tomou a sua decisão, filho, acabei de tomar a minha.

— Eu proíbo a senhora de fazer uma sacanagem dessas!

— Abaixe o tom de voz.

Capítulo 6

Passei a tarde no quarto com o *MacBook* ligado, buscando uma maneira de demover minha mãe daquela ideia absurda de vender a empresa a fim de preservar a memória do meu pai e o patrimônio da família. Se estivesse vivo, ele jamais concordaria. Ao mesmo tempo, queria ler notícias sobre o torneio, dar uma olhada no *Facebook*, descontrair um pouco. Minha página estava congestionada de mensagens, milhares de curtidas na notícia da morte do meu pai. Insanidade pura, pensava, onde se viu a curtir a morte do meu pai?

Pouco antes de escurecer, minha avó entrou no quarto segurando uma bandeja com sanduíche, bolo e suco. A fome era grande e preferi fazer de conta que estava tudo bem. Tentei me desvencilhar do *MacBook* por alguns segundos, mas mantive o monitor aberto.

— Tente se alimentar um pouco — ela aconselhou.

— Tô sem fome, juro — respondi contrariando minha própria natureza por um instante.

— Você foi muito duro com sua mãe. Sabe muito bem que ela não tem com quem contar, ponha-se no lugar dela.

— Eu tava aqui tentando imaginar como meu pai conseguiu prosperar sem dinheiro — comentei a fim de mudar o rumo da conversa.

— Escutou o que eu disse? — minha avó insistiu.

— Escutei, vó. Por favor, nada de sermão agora. Quero saber um pouco mais do meu pai.

— Heitor era articulado e logo ganhou a confiança de Estela. Ele abria e fechava o caixa todos os dias, negociava com fornecedores, angariava clientes, varria o chão, decorava o ambiente, fazia de tudo um pouco. De vez em quando, Estela confiava a ele o serviço de banco e foi assim que aprendeu a lidar com dinheiro, todo mundo no CEAB gostava dele.

— Não dá pra entender como ele conseguiu sair de empregado a patrão em tão pouco tempo.

— Dez anos é pouco tempo? — ela perguntou.

— Talvez, vó, conheço muita gente com muito mais tempo que continua no mesmo lugar.

— Heitor era determinado — ela continuou. — Certo dia, enquanto saboreava uma sobra de melancia, seu pai confessou a Estela que queria abrir o próprio negócio, empregar um monte de gente, dar uma vida mais digna para mim; ele anotava tudo numa caderneta. *Antes de provar ao mundo, você precisa provar a si mesmo que é capaz*, dizia Estela; *não preciso provar nada, vou fazer e pronto*, ele retrucava.

— Típico do pai — observei.

— Estela percebeu o tino do seu pai para os negócios e não queria perdê-lo, sentia-se responsável por ele, por isso o ajudou mais tarde. Mais dia, menos dia, sabia que Heitor ia sair disposto a mudar o rumo da história. Ela não teve filhos, talvez por isso tenha se apegado tanto, gostava de fazer negócios, de ajudar amigos em dificuldade e era desapegada de coisas materiais. Quando a vi no cemitério ontem, meu sentimento foi de extrema gratidão.

— Meu pai não tinha nem segundo grau.

— Que diferença isso faz quando a gente quer alguma coisa? Conheço muitos empresários que não passaram nem do primeiro; é importante, meu neto, mas não é determinante.

— Não é isso que a maioria pensa — comentei.

— O que importa? Heitor era ambicioso e tinha bom caráter. Estela era como se fosse uma segunda mãe, preocupada com a condição física e moral do seu pai, movida a conselhos gratuitos que ele sempre se dispôs a levar em conta nos negócios. Eu tinha contato direto com ela por meio de carta e telefone, nunca tive oportunidade de contar a ele.

— Que coisa doida — disparei sem pensar.

— Não tem nada de doido.

— Perdão, vó, continue.

— Heitor queria fazer as coisas com os pés no chão. Via oportunidades onde a maioria via obstáculos, era leitor assíduo e observador, coisas que, mais tarde, fizeram dele um bom negociador, excelente no trato com as pessoas. Seu pai era fã de Khalil Gibran e Fernando Pessoa; diversas vezes, foi visto recitando versos do poeta nos corredores do CEAB enquanto empurrava caixotes de um lado para o outro: "Valeu a pena? Tudo vale a pena se a alma não é pequena". Vez por outra, engolia sanduíches, sobras de frutas e pedaços de pão às pressas para aproveitar o restante do intervalo de almoço com leitura de livros emprestados da biblioteca comunitária Farol do Saber.

— Isto nunca me passou pela cabeça.

— Um dia, seu pai voltou para a loja com dez livros debaixo do braço e foi repreendido por Estela: *o que é isso, menino, não vai mais trabalhar?* Ele respondeu: *Tenho dez dias pra devolver, até lá, leio tudo.*

O relato de minha avó mexeu comigo. Leitura ainda não era o meu forte, reconheço, e sei de pessoas que nunca leram um livro na vida. Nisso, gostaria de ter puxado o meu pai, invejo quem consegue ler pelo menos um livro por mês.

— Na medida em que aprendia mais, por meio de livros e conversas com os comerciantes, ele se sentia mais forte. Naquele quarto solitário, os livros eram companheiros inseparáveis para quem veio de um lugar onde leitura era privilégio de poucos.

Minha mãe apareceu e sentou-se à beira da cama. Será que vai tocar no assunto de novo? — pensei —, mas se conteve por um tempo.

— Heitor buscava inspiração nas ideias de Steve Jobs — prosseguiu minha avó. — No início, pensei que fosse algum comerciante de frutas, o quarto dele era repleto de adesivos de maçã; nunca entendi muito bem, o importante é que ele gostava.

Minha mãe entrou na conversa e, quando percebi que tentava se aproximar de mim, evitei olhar para ela.

— Seu pai recebia críticas de um comerciante, por causa de tantos livros emprestados, e citava o tal Jobs: "não deixe o barulho da opinião dos outros abafar a sua voz interior e, mais importante, tenha a coragem de seguir o seu coração e a sua intuição; eles, de alguma forma, já sabem o que você realmente quer se tornar. Todo o resto é secundário".

— Seu pai não ligava pras críticas — emendou minha avó —, tinha o mesmo discurso pra todos: *cada qual com a sua dor e o seu sonho*. Era uma declaração instintiva, fruto da leitura e da influência positiva do personagem Arkad, de O homem mais rico da Babilônia, livro que ganhou de presente de Paulo Fortuna.

— Paulo Fortuna? — perguntei com interesse.

— É um empreendedor bem-sucedido, dono de vários boxes no CEAB, uma figura e tanto — explicou minha avó. — Li esse livro de tanto seu pai insistir. A história me fez pensar muito a respeito de tudo o que a gente viveu, mas, na minha idade, acho difícil mudar alguma coisa.

— No início, faltava dinheiro, sobrava determinação — acrescentou minha mãe. — Havia sempre um engraçadinho tentando fazer o seu pai mudar de ideia com comentários do tipo "trabalha moleque, pobre não sonha".

No meio daquela conversa, eu me sentia mais culpado ainda por não ter conseguido me despedir do meu pai. *Quem sabe um dia, quando o senhor morrer!* Existe algo pior do que lembrar-se de algo que você jamais gostaria de ter dito?

— Quando fez vinte e um anos, seu pai havia decidido mudar de vida — prosseguiu minha avó. — Com ajuda de Estela, conseguiu alugar um espaço no CEAB, de vinte e poucos metros quadrados; na cabeça de um sonhador, parecia dez vezes maior. Sentado num velho banquinho de madeira, lembrou-se da frase que mudou a história dele: "você nunca vai saber se não tentar". O incentivo dela fez uma grande diferença.

Tudo isso ainda fazia pouco sentido para mim, fiquei imaginando onde minha avó queria chegar.

— Além de fiadora — observou minha mãe —, Estela garantiu a ele o estoque inicial negociando direto com os fornecedores e também se responsabilizando pelo pagamento das faturas. Ela o ensinou a dar valor aos bens materiais sem ser escravo do dinheiro, a respeitar os contratos, a buscar o senso de justiça e a construir alianças com base em valores e princípios sólidos.

— Se fosse assim, ele não ficava devendo — comentei.

— É por isso, meu filho, que não quero cuidar da empresa sozinha. Nem saberia por onde começar. Se não me ajudar, o único jeito é me desfazer do negócio enquanto dá tempo.

— Não vamos discutir outra vez, mãe, seria uma tremenda falta de respeito com a memória do pai. A senhora não tá regulando bem.

— Que é isso? — minha avó repreendeu pela segunda vez. — Onde se viu falar assim com sua mãe?

— Falta de respeito — minha mãe completou — é fugir da responsabilidade no momento em que mais preciso da sua ajuda. Pense muito bem: se for embora, de minha parte, pode ficar por lá mesmo.

— Se é assim que você quer — retruquei.

Capítulo 7

Minha mãe nunca havia falado comigo daquela maneira. Respirei fundo e, por alguns segundos, vi meus sonhos dissolvidos feito ondas do mar. A situação não poderia ficar assim, caso contrário, como poderia sobreviver em San Francisco? Era uma missão difícil, ela sempre se mostrou mais enérgica do que meu pai.

— Não é assim que se resolve as coisas — amenizou minha avó.

— Olha o que a mãe tá dizendo.

— Somos uma família, é hora de se unir.

— Família coisa nenhuma — respondi, empurrando a cadeira para trás.

— Deixe de ser moleque — rebateu minha mãe. — Enquanto depender de mim, vai ser do meu jeito.

Em respeito à memória do velho, fiquei na minha. As duas apenas se entreolharam. A partir daquele instante, mamãe e eu ficamos por um bom tempo evitando um ao outro em um jogo de forças desnecessário.

JERÔNIMO MENDES

★★★★

A solidão era pior do que uma companhia indesejável. De tanto ouvir as duas endeusando meu pai, a dor e o remorso eram inevitáveis. Meu sentimento era contraditório. Enquanto ele tinha orgulho de mim, mesmo sem eu ter feito nada na vida, o meu sentimento de orgulho por ele aumentava e diminuía na medida em que eu descobria mais coisas ruins sobre ele. Minha história apenas começava e nunca gostei de ser comparado, algo que acontecia com mais frequência do que imaginava.

Era impossível ignorar meu pai. Numa das raras conversas que tivemos, ele me contou sobre os primeiros anos como empreendedor e sua paixão pelos negócios. *Empresário todo mundo pode ser, empreendedor conta-se nos dedos*, dizia ele.

— No começo, filho, era trabalho duro das cinco da manhã às oito da noite. Havia dias em que eu não comia, não dava tempo. Eu fazia questão de abrir e fechar a porta de aço pesada todos os dias e, aos poucos, aprendi a conviver com os colegas do CEAB e a entender os meandros do negócio. Logo percebi a decadência de alguns comerciantes, infelizmente, eles se descuidavam do atendimento, tinham pouco controle sobre os resultados, a maioria sobrevivia. Eu fiz tudo diferente, sem medo de fracassar.

— Não vi nada de difícil até aqui — brinquei com ele —, qualquer um pode abrir um negócio e se dar bem.

— Um dia você vai assumir a empresa e entender o que eu digo. Estela me ajudou muito, foi minha segunda mãe; com sua ajuda, eu comprava um box aqui, outro ali, e a operação crescia. Aos poucos, aprendi a controlar custos e passei a investir em negócios falidos dentro do próprio CEAB.

— Por que Estela não comprava em vez de ajudar você, pai? — perguntei.

— Ela é uma mulher simples, filho, sem ambição. Ficou viúva cedo, não teve filhos e é muito experiente, assim, me ajudou a pensar no negócio. Com o crescimento, consegui elevar o poder de compra junto aos produtores locais. A reputação, filho, está diretamente relacionada com a capacidade de pagamento e, em tempos de crise, pagar à vista é sempre a melhor coisa a ser feita.

— Explica direito o que é esse poder de compra. — Isso interessava, eu era inexperiente e minha mesada nunca chegava ao fim do mês.

— Em qualquer negócio, filho, quanto menor o custo, maior a margem de contribuição. Quem trabalha com *commodity* não pode fazer milagre no preço de venda, mas pode apertar o cinto, reduzir o custo fixo, atender melhor, isto sim faz diferença. *Com dinheiro no bolso, você é bonito, inteligente e sabe até cantar.*

Ele era pão-duro ao extremo. Nas poucas vezes em que se arriscava a caminhar pelo shopping, a fim de olhar as vitrines e paquerar as meninas, parecia um matuto despretensioso: *quantas coisas sem as quais posso viver tranquilo, dizia.*

Ainda no quarto, o telefone vibrou; levei um susto.

— William, sou eu, Johnny. O que aconteceu? — ouvi a voz do meu companheiro de apartamento e a preocupação fluía das suas palavras em inglês.

— Oi, meu amigo, é uma longa história...

Ficamos ao telefone por mais de meia hora. Fiquei feliz em saber que minha inscrição no torneio havia sido confirmada, embora ainda dependesse do pagamento da taxa. Pena que o "doutor" não estará aqui para testemunhar o meu triunfo.

Aos trinta anos, meu pai era chamado de "doutor", apelido que acabou se tornando precioso por ter se transformado no maior comerciante de frutas da região, com doze centros de distribuição localizados em pontos estratégicos de cinco Estados do Sul e Sudeste. O faturamento da empresa era equivalente ao PIB da cidade onde nasceu, difícil acreditar.

Certo dia, perguntei de onde havia surgido o nome da empresa e ele discorreu com orgulho:

— Rei da Fruta foi uma ideia de Estela, logo que eu inaugurei o terceiro box no CEAB. Achava bacana, embora meus negócios fossem além da fruta: processamento, industrialização, distribuição, transporte, intermediação, importação e exportação, tudo relacionado com hortifrútis.

— Já sei, pai, o Rei da Fruta faz de tudo um pouco — comentei.

— O Rei da Fruta faz tudo aquilo que é relacionado com o seu negócio, ou seja, hortifrútis. Lembre-se, *quem quer ser tudo para todos acaba não sendo nada*, portanto, a gente só faz aquilo que a gente pode fazer bem.

Diferente dos empreendedores que conheceu ao longo do caminho, ele seguia fielmente os conselhos de Paulo Fortuna: "haverá o dia em que você será capaz de estender os tentáculos e seus olhos não poderão mais alcançar a ponta, então, vai precisar de gente de confiança para ajudá-lo, caso contrário, o negócio fica estagnado".

Talvez devesse reconsiderar minha decisão e aguardar um pouco mais, embora tivesse receio de me envolver com os problemas da empresa e acabar deixando de lado a minha paixão; minha experiência com negócios era nula. E, pensando bem, quanto tempo eu levaria para entender tudo o que meu pai levou vinte anos para aprender?

Pensei em esticar a permanência no Brasil por mais uma semana, mas era quase impossível me desligar de San Francisco. Nada poderia me prender aqui, pensava, muito pelo contrário, queria esquecer os dissabores que me fizeram afastar da família. Minha mãe sofria muito e, naquele momento, era inegável: o que restou da nossa estava desmoronando.

★★★★

Por volta de meia-noite, desci até a cozinha para beber água e encontrei minha avó sentada à mesa, com a cabeça apoiada nos dois braços, parecia em transe.

— O que aconteceu, vó? Por que não vai se deitar?

— Estou sem sono, filho. E você, não dormiu ainda por quê?

— Estive pensando, decidi voltar depois de amanhã mesmo, a mãe vai saber o que fazer. Logo cedo eu me entendo com ela.

— Sua mãe não está nada bem, William. Pense bem no que vai fazer para não se arrepender depois.

— Vai passar, vó.

— Não estou falando do seu pai, estou falando da sua mãe. Os médicos ainda não sabem o que ela tem, dizem apenas que precisam de mais exames. São dores de cabeça terríveis, nem seu pai sabia, ela escondeu porque não tem certeza de nada.

— Amanhã cedo eu falo com ela, dor de cabeça todo mundo tem.

— Prometi manter sigilo — alertou minha avó com certa preocupação —, melhor não tocar no assunto. Só estou dizendo isso a fim de amolecer esse teu coração de pedra.

— Tomara que não esteja se valendo da situação. Não funciona comigo.

— Não fale bobagem. Helena desmaia com frequência, sente náuseas, tem medo de ficar sozinha. Se você for embora, as coisas vão desandar, escute o que eu digo.

Fiquei sem saber o que dizer, minha avó permaneceu de cabeça baixa, o clima ficou desagradável. Depois de alguns minutos, ela se levantou.

— Boa noite, filho. Lembre-se que a família é nosso maior patrimônio — disparou com voz mansa, típica de avó. — A gente só dá valor quando perde; você ainda vai sentir muito a ausência do seu pai e, quer saber mais, Deus me livre se sua mãe faltar.

Antes de subir, tentei digerir o que havia acontecido e comecei a punir a mim mesmo. Talvez fosse uma boa oportunidade de me redimir e preservar a memória do pai, mas por onde eu ia começar? O medo de ser ridicularizado era grande, afinal, nunca havia me preocupado com os negócios e, naquele instante, me sentia um estúpido.

As duas tinham razão, eu queria preservar o patrimônio da família e, ao mesmo tempo, desejava distância da continuidade. E se acontecesse à minha mãe o mesmo que aconteceu com meu pai?

Eram quase duas da madrugada quando voltei para o quarto, com o ciclo cerebral nas alturas. Fiquei caçando alternativas a fim de amenizar o clima na manhã seguinte: pedir desculpas, adiar a viagem, voltar depois do torneio?

Por fim, tive uma ideia que me parecia absurda.

Capítulo 8

Acordei antes do sol. Diante do espelho, uma aparência horrível parecia ter tomado posse de mim. Minha mãe não poderia ter feito isso comigo, pensei. Era preciso dar um jeito naquela situação, caso contrário, adeus surfe, adeus sonho, adeus San Francisco.

Ao sair do banho, encontrei minha mãe sentada na beira da cama.

— Bom dia, filho!

— Bom dia — devolvi com jeito de que o dia seria complicado.

— Pensou no que a mãe te pediu?

— Ninguém melhor do que a senhora sabe o quanto eu gosto do surfe, entenda o meu lado.

Ela se levantou, ajeitou a blusa e deu dois passos na minha direção com ar de intimidação.

— Como é que você pode pensar em surfe numa hora dessas? Seu pai acabou de ser enterrado, o mundo está desabando na minha cabeça e você quer voltar a surfar? Pelo amor de Deus, filho!

— Quantas vezes já falamos sobre isso, mãe? Meu negócio é outro, custa entender?

Fiquei possesso e consegui me controlar. Pensei no meu pai e numa de suas frases favoritas: "a melhor maneira de ganhar uma discussão é evitá-la". Fiz o impossível para engolir meu orgulho. Se estivesse vivo, teríamos ido além; com minha mãe era diferente, havia uma mistura de medo e respeito.

— Como é que posso ficar calma enquanto você troca uma vida cheia de possibilidades por uma aventura na Califórnia?

Ela não dava a mínima para as minhas escolhas, doeu muito, pior do que quando meu pai dizia isso. Minha mãe sempre foi compreensiva, entretanto, com os ânimos acirrados, seria difícil chegar a um acordo.

— E o meu sonho, mãe, não conta? Minha vida, meu futuro?

— Seu futuro é aqui, ao meu lado, ao lado da sua avó, ao lado das coisas que seu pai deixou. Você é nosso único herdeiro, tem a obrigação de preservar o legado da família. Você quer me ver no cemitério, igualzinho ao seu pai?

— Este papel era do Alexandre, não meu. Infelizmente, ele não tá mais aqui, por culpa do pai.

— Nunca mais repita isso — retrucou com o indicador apontado na minha direção. — Você não tem o direito de falar assim do seu pai, ele amava o seu irmão.

— Assim não dá pra conversar.

— Vai ficar ou não?

— Você sabe a resposta, mãe; a empresa tem empregados aos montes, não precisa de mim.

Virei as costas e ela permaneceu resmungando. O tempo é o melhor remédio para aliviar a tensão, pensei. Droga, como poderia resolver aquilo? Sempre mantive o maior respeito por minha mãe, porém as coisas fugiam do meu controle. Perdi até a vontade de tomar café.

JERÔNIMO MENDES

★★★★

Passei a manhã no quarto digerindo o que aconteceu, com receio de agravar o problema e aumentar o remorso. Por outro lado, ficar no Brasil seria enterrar de vez o sonho de me tornar valorizado pelo meu próprio esforço, sem ter que depender da herança do meu pai. Desde criança quis caminhar com as próprias pernas e, no meu caso, as coisas pareciam sempre mais difíceis do que poderiam ser.

Antes do almoço, puxei conversa com minha avó. Com ela, o papo era mais tranquilo em razão da sua própria história de vida. Na varanda da casa, sentada na cadeira de balanço, ela me ouvia atenta e não se manifestava nem contra nem a favor.

— Faça o que o teu coração mandar — aconselhou.

Era pior do que ter opinado. Meu coração queria me mandar para San Francisco. Aproveitei o clima para tirar uma dúvida que há tempo me torturava, talvez fosse impróprio, contudo, era oportuno considerando o carinho que ela dizia sentir por mim.

— Como foi que o pai e a mãe se conheceram?

— Ih, seu pai demorou a encontrar alguém. Tinha medo de se perder nos negócios e fracassar nos relacionamentos. Quando era mais novo, ele teve uma namoradinha, em Lagoa; no caso da sua mãe, os dois se conheceram no Parque Barigüi durante uma caminhada. O coração do seu pai disparou e ele ficou mudo por alguns segundos, olhando para sua mãe, que ficou desconcertada.

— Amor à primeira vista? — perguntei com um sorriso sarcástico na face.

— Sem dúvida, não brinque com isso.

— Desculpa.

— A química entre eles era boa, havia diálogo, cumplicidade, ambos gostavam de leitura e poesia. Helena já era formada em artes plásticas, adorava pintura e escultura. Seu pai não tinha curso nenhum e, apesar do jeito rude, ele se esforçava para ser amável. Sua mãe tinha uma personalidade agradável, sorriso aberto, capaz de arrebatar corações em poucos segundos.

— Não consigo pensar no meu pai amável — interferi.

— Todo mundo tem um lado amável e outro nem tanto — ela completou —, depende de qual você alimenta. Depois de casados, os dois foram morar num apartamento pequeno, bem decorado, de frente para a Serra do Mar.

Quando minha avó pronunciou Serra do Mar, senti um frio na espinha. Lembrei-me do meu irmão.

— O tamanho era suficiente para se levar uma vida confortável e receber amigos - continuou com voz serena. — Seu pai estava perto de completar trinta e cinco anos, Helena tinha vinte e oito; aos trinta anos, ela ficou grávida. Heitor não cabia dentro de si. Embora fosse obcecado pelos negócios, num ritmo de dez a doze horas por dia, fazia planos mirabolantes. De vez em quando, saía escondido da empresa e corria até a casa para ver sua mãe.

— Deve ter sofrido muito se ausentando da empresa, imagino. Ele não fazia outra coisa na vida.

— Se dependesse dele, a gestação durava metade do tempo — observou minha avó. — Antes de vocês nascerem, ligava para mim todos os dias. No dia da ecografia, fez questão de acompanhar sua mãe até a clínica e não arredou o pé até descobrir o sexo do bebê. Quando o médico anunciou que eram dois meninos, quase explodiu de felicidade. *Gêmeos!* — ele gritou. O hospital inteiro ficou sabendo que ele queria um filho homem, alegria em dobro.

— Agora sei a razão de tanta obsessão — comentei.

— Que obsessão, William?

— O fato de ele insistir para que eu estivesse à frente dos negócios.

— Naquele dia, ele ficou em casa. No dia seguinte, quando chegou ao Rei da Fruta, convocou alguns empregados para retirar do carro dezenas de pacotes de Sonho de Valsa que ele mandou distribuir para a empresa inteira.

JERÔNIMO MENDES

— Que coisa, vó, adoro Sonho de Valsa.

— Deve ser mal de família — respondeu com um largo sorriso na face.

— O almoço está na mesa — gritou Mariana, fiel serviçal de muitos anos, por quem meus pais nutriam uma admiração sem tamanho. Ela era forte, tinha um corpo bonito, mas as rugas denunciavam a sua dura luta com a vida.

Fiz sinal de concordância com a cabeça e, antes, pedi à minha avó que terminasse a história, era importante para mim.

— Heitor sobreviveu aos meses de gestação, dividido entre os negócios e a família. No dia em que vocês nasceram, ele nem foi trabalhar, mas não teve coragem de entrar na sala. Aguardou impaciente até o último minuto, feito criança que anseia pelo presente de aniversário.

— Quem nasceu primeiro? — perguntei.

— Não lembro — disse minha avó —, em pouco mais de duas horas, vocês estavam no quarto. Helena se dividia entre o riso e o choro com você num braço e seu irmão no outro. Quando entrei, seu pai chorava; o nome de vocês foi escolhido a dedo: Alexandre Augusto e William Augusto.

Meu pai gostava de nomes combinados; *o nome de uma pessoa é o som mais doce e mais importante que existe* — dizia sempre.

★★★★

Durante o almoço, minha mãe parecia mais calma, perguntou se estava tudo bem. Respondi que sim e não alimentei a conversa, preferi aguardar até ter certeza de que o diálogo seria mais civilizado.

— Qual é o horário do voo na segunda? — ela questionou.

— Dezesseis e quinze em Curitiba, vinte e uma e trinta no Rio.

— Não quer esperar a missa de sétimo dia do seu pai?

Era tradição na família, havia esquecido por completo e fiquei dividido.

— Não posso perder a passagem, mãe, prometo rezar pela alma dele — respondi com intuito de amenizar.

— Melhor não prometer — ela aconselhou.

Nesse ponto, fui orgulhoso. Antes de ir embora do Brasil, confesso que era mais sensível, porém, a obsessão pelo surfe me tornou mais direto, mais frio, mais obstinado. Isso me incomodava de todas as maneiras.

Se minha mãe havia se conformado? Era difícil dizer.

Capítulo 9

Amanheci melhor no domingo, com um leve sentimento de traição, mas o que eu não queria mesmo era trair meus princípios. Estava propenso a pedir desculpas pelas grosserias do dia anterior, então, levantei mais cedo. Minha mãe não parecia bem e, por outro lado, eu queria evitar sair mais uma vez de casa em meio a um clima ruim.

Quando acabava de me vestir, Mariana bateu na porta por duas vezes seguidas com uma força desproporcional à necessidade.

— O que foi agora? — perguntei.

— Tua mãe está ardendo em febre, precisa de um médico.

Lembrei-me do doutor Resende, médico da família há muitos anos, e pedi à Mariana que telefonasse para ele.

Minha mãe queria dizer alguma coisa, procurei confortá-la.

— Eu tô aqui, mãe.

— Não vou suportar.

— Doutor Resende tá vindo, você vai ficar bem.

— Chame seu pai.

— Nada de ruim vai acontecer, prometo — respondi a fim de acalmá-la.

Minha vó apareceu no quarto com o termômetro na mão enquanto ela delirava. Trinta e nove graus de febre. Mariana tentou me tranquilizar alegando que aquilo acontecia com frequência. Foi pior.

Não demorou muito, a campainha tocou.

— Bom dia, William, lembra-se de mim?

Doutor Resende e sua valise milagrosa vão dar um jeito nisso, pensei. Afinal, conhecia minha mãe há muito tempo, melhor do que eu e meu pai juntos.

— Claro que sim, o médico que extraiu um berne da minha cabeça quando era pequeno e ainda me fez carregar o bicho até em casa numa folha de eucalipto pra mostrar à minha mãe.

— Memória fantástica. Você está vivo, é o que importa — ele comentou com um leve toque no meu ombro.

— Nunca me esqueço do doutor nem do leite de magnésia, nem do elixir de bacalhau, nem do biotônico, muito menos dos vermífugos que o senhor me receitava, continuo traumatizado — disparei.

— É melhor a gente ver sua mãe — devolveu sorrindo.

Pediu a todos que se retirassem do quarto para examiná-la sem qualquer interferência. Do lado de fora, foi difícil administrar a ansiedade. Era só o que me faltava, pensei, agora que ela havia concordado, ou melhor, engolido a minha volta para San Francisco.

Gemidos intermitentes do lado de dentro aumentavam minha agonia. O que teria acontecido? Doutor Resende demorou mais de uma hora dentro do quarto enquanto eu roía as unhas dos dedos até a raiz, pensando em bobagens e em como ter minha mãe de volta.

— Será necessário providenciar alguns exames — ele explicou. — Sua mãe foi submetida a um alto nível de estresse, há sintomas claros de esgotamento, ela precisa de repouso absoluto.

— É difícil, doutor.

— Difícil é ficar sem pai e mãe. A perda do seu pai foi muito dolorosa, ela ainda não sabe lidar com isso, tenha paciência.

Nem queria imaginar essa possibilidade. Quanto ao meu pai, acabei me conformando aos poucos, agora, minha mãe, seria muito injusto.

★★★★

Enquanto doutor Resende conversava com minha avó na sala, voltei ao escritório. Sem mais nem menos, me vi sentado ali outra vez na cadeira do meu pai, balançando as pernas com os pés suspensos, como ele sempre fazia. Numa das gavetas, encontrei um recorte de jornal antigo com uma pequena chamada: "Negócios do Rei da Fruta prosperam a cada dia. Entre uma crise e outra, Heitor Augusto Correa constrói novos centros de distribuição, amplia a área de atuação e faz da excelência operacional a sua principal bandeira".

Meus olhos se encheram de lágrimas, era um pedacinho da sua história reconhecida pela sociedade. Ele sabia como ninguém estabelecer alianças com empresários de todos os tipos e tamanhos, cultivava a velha máxima de que "é preciso dividir para multiplicar". Era aberto à consultoria e não hesitava em contratar quem lhe mostrasse a mínima possibilidade de reduzir custos, melhorar o atendimento e aumentar a lucratividade. *Ninguém domina tudo, aprenda isso* — disse-me certa vez. Ele gostava de inovar.

Antes do almoço, minha avó entrou no escritório. Eu havia bisbilhotado a sala inteira e sugeri a ela que sentasse. Ela era boa de conversa, bem mais receptiva do que mamãe. Se alguém arriscasse perguntar "como vai?", ela parava tudo e começava a contar. Aos poucos, fui aprendendo a conhecer melhor o meu pai por meio dela, seus olhos brilhavam quando falava dele.

— Espero que ela fique bem, a passagem me custou os olhos da cara.

— Como vai se virar a partir de agora? — minha avó perguntou.

— Vou dar um jeito. Depois do que aconteceu, quanto menos depender dela, melhor. Tem muito para se fazer por lá.

— Não custa nada esperar a poeira abaixar, meu filho, até parece que está fugindo de alguma coisa.

Minha avó era muito rápida. Desconversei outra vez com uma pergunta:

— Como foi aquele dia na praia, quando meu irmão morreu?

— Helena não gosta que comente nada disso com você.

— Preciso saber, vó, é importante.

— Ah, meu Deus — suspirou e prosseguiu. — Heitor havia programado quase duas semanas de férias, pegou todo mundo de surpresa. Era raro ver ele se ausentar por mais de uma semana da empresa. Por insistência de Helena, ele alugou uma casa na Praia do Rosa, um paraíso.

— Maravilhosa se não fosse o que aconteceu — interrompi.

— Quer ouvir ou não? — ela rebateu, descontente com a interrupção.

— Desculpe, vó.

— Depois de uma semana, você e seu irmão já desfilavam com a pele avermelhada. Helena não tirava vocês do radar, tinha horror a tumultos. Naquela bendita sexta-feira, ela levantou indisposta e decidiu ficar em casa, disse que acordou com uma sensação estranha e tentou fazer seu pai mudar de ideia.

— *Não dormi direito, acho melhor a gente ficar em casa* — foi a primeira coisa que disse logo que levantou.

— *Como assim, e as crianças?* — seu pai perguntou.

— *Podemos ir mais tarde* — rebateu Helena.

— Seu pai insistiu: *olha a carinha deles, deixa que eu cuido*.

— *Vai, mas, pelo amor de Deus, não perca os meninos de vista*.

— *Eles já sabem nadar* — ele insinuou e deu uma boa gargalhada.

— *Nem brinque com uma coisa dessas* — sua mãe respondeu. Antes de vocês saírem, ela se ajoelhou, puxou você e seu irmão pelo braço, abraçou os dois, deu um beijo em cada um e se despediu. Achei melhor ficar para lhe fazer companhia. Helena ficou desconfortável, parecia adivinhar o que viria pela frente.

— Lembro de pouca coisa — comentei.

— Por volta de meio-dia, mais ou menos, seu pai começou a juntar as coisas para retornar e acabou se descuidando por alguns segundos. Quando deu por si, seu irmão havia sumido e ele acabou confundindo vocês dois: *onde foi que o William se meteu?* Você ficou paralisado, mal abriu a boca, seu pai deu um berro e correu em direção ao mar.

— Do grito eu me lembro como se fosse hoje, vó.

— Heitor avançou alguns metros dentro d'água, avistou um vulto com os braços erguidos a mais ou menos uns duzentos metros de distância. Ele ficou em pânico e se atirou de vez no mar. Quando conseguiu chegar perto do seu irmão, a corrente era muito forte e, entre uma onda e outra, acabou se distanciando de novo. Depois, perdeu o Alexandre de vez.

— Por que não pediu ajuda?

— Seu pai sabia nadar muito bem, desde os tempos da Lagoa, e tentou se virar sozinho. Desorientado, ele voltou para a praia e encontrou você chorando em companhia de estranhos. O corpo do seu irmão foi resgatado horas depois pelo pessoal dos bombeiros, perto de um rochedo na praia vizinha; seu pai queria morrer junto com seu irmão.

— E minha mãe?

— Quando seu pai voltou da praia, não havia muito o que dizer. Helena caiu de joelhos e acabou desmaiando, confesso que foram as férias mais infelizes da minha vida.

— Pelo jeito, meu pai superou tudo isso.

— Essa dor, William, Heitor levou para dentro do túmulo.

Depois de ouvir aquilo, pedi licença e fui até o quarto a fim de saber se minha mãe estava bem. Abri a porta devagar, meu coração bateu mais forte.

— Podemos conversar um pouco?

Um silêncio constrangedor se estabeleceu entre nós.

Capítulo 10

O sentimento de culpa ficou atravessado na garganta. Havia me tornado um carrasco, pensei. Talvez minha mãe estivesse se valendo do ocorrido para me sensibilizar, mas seria injusto julgá-la assim. Não era do seu feitio, além do mais, sua imagem no quarto me dizia o contrário.

Diante daquela situação incômoda, minha ideia era convencê-la a contratar um executivo de mercado, pelo menos por um tempo, até que pudesse recuperar a saúde e a confiança. A sobrevivência do negócio estava em jogo, sem contar as centenas de empregos e famílias em perigo.

— Bom dia, tá melhor, mãe? — perguntei com voz moderada.

— Um pouco, meu filho, ainda sinto muita dor no corpo.

— Doutor Resende disse que a senhora vai ficar bem.

— A pior dor é a dor do abandono. Você vai embora e eu vou ficar aqui sozinha com tudo.

— Ninguém tá abandonando ninguém. A senhora tem o Roberto, a vó Ana, o Elvis e um monte de empregados.

— Preferia que você estivesse do meu lado.

— Não faça isso comigo, mãe.

Elvis era o *beagle* de estimação do meu pai. Ganhou este nome porque ele era fã do Rei do Rock e, a cada vez que tocava uma música dele, o bichinho chacoalhava a traseira. Era a alegria do meu pai, que morreu sem realizar o sonho de ir a *Memphis* para conhecer a casa do astro.

— Estive pensando, a senhora vai comigo pra San Francisco — arrisquei esperando o melhor.

— Você só pode estar brincando. Viajar agora, com tudo o que vem pela frente? Quem vai cuidar da empresa, do inventário, do patrimônio? Quem vai negociar com os empregados?

— A senhora não tem condições de assumir. É melhor contratar um executivo de mercado, mãe, ou então escolher alguém da própria empresa, com exceção do tio Wladimir.

— Quero contar com você — insinuou mais uma vez.

— Tenho chances de me tornar campeão na próxima semana, você faz ideia do quanto ralei pra isso? É difícil entender?

— Quem não está entendendo é você — ela rebateu com calma. — Mas fique sossegado, não vou deixar a empresa na mão de empregados nem colocar em risco o patrimônio da família. Já passei por tanta coisa e para tudo na vida existe uma ou mais saídas.

Minha mãe tinha razão, por mais que confiasse em algumas pessoas, haveria um momento difícil de transição, do qual eu evitava fazer parte. Meu futuro era San Francisco, assim, preferi evitar a discussão e passei a explorar outro assunto bem mais delicado.

— A vó me contou tudo, mãe.

— Tudo o quê?

— O Alexandre se foi por causa do pai.

— Sua avó disse isso?

— Dizer não disse, dá pra concluir.

— Concluir o quê, criatura de Deus? Você tinha apenas seis anos, aquilo foi uma fatalidade.

— É por isso que não consigo me apegar a nada nem aprender nada —desabafei —, não consigo apagar da memória.

— Faz ideia de quanto o seu pai sofreu na época? Nossa vida virou de cabeça para baixo, ele ficou desnorteado, entrou em depressão, se afastou dos negócios por quase dois meses. Todo mundo pagou um preço caro por isso.

— O pai deve ter sofrido pouco — respondi irônico —, pois continuou do mesmo jeito.

— Você não sabe o que está dizendo. Wladimir até tentou assumir o comando, a meu pedido, mas não tinha experiência, não sabia lidar com gente, os empregados boicotavam, foi um caos. Alguém da empresa poderia ter assumido e preferi confiar no seu tio, por ser da família. Seu pai não me ouvia, não queria saber de nada, sei que foi um erro de minha parte, passou, graças a Deus. Depois do que houve, ele nunca mais foi o mesmo. Por um tempo, acreditei que isso pudesse unir vocês dois, deu tudo errado, foram dez anos de implicância até o dia em que você decidiu sair de casa com a desculpa de fazer intercâmbio.

— Por mim, seria tudo diferente — comentei.

— Um dia você ainda vai superar tudo isso — ela disse com ternura e balançou a cabeça.

— Não importa, e depois, mãe?

— A gente foi levando as coisas do jeito que deu, fiquei sem comer e sair de casa por uns dias. Ana Ermínia me ajudou muito, passava horas e horas olhando a última foto do seu irmão no celular. Demorei a me conformar por não ter acompanhado vocês naquele dia; cheguei a culpar Heitor e nunca tive coragem de dizer a ele. Apesar de tudo, ele sempre amou vocês dois de igual para igual.

— Se fosse verdade, eu nunca teria saído de casa — insinuei.

— Que coisa, filho! A busca de um culpado ou de um motivo aparente para uma perda é o desejo da natureza humana por algo que possa preencher o vazio que se abre no peito quando a vida deixa de valer a pena. Quer saber o que penso? É isso que está acontecendo com você.

— Do que você tá falando?

— Tem coisas que a gente não explica, filho. A vida nem sempre é como desejamos. O mundo é muito contraditório.

— Sinto muita falta do meu irmão — acrescentei, pois havia uma ligação muito forte entre nós mesmo depois que ele se foi.

— Eu sei, você perguntava por ele o tempo todo — lembrou minha mãe. — Demorou a entender o que havia acontecido. *Quando é que ele volta, é hoje, mãe? O Ale vai dormir em casa?* Era torturante ouvir aquilo, eu chorava escondida no banheiro.

— Eu ficava brincando com os brinquedos dele, olhando a porta pra ver se ele aparecia, dormia na cama dele, vestia as roupas dele, conversava com ele no escuro, ele nunca respondia; quando a campainha tocava, eu era o primeiro a correr pra atender pensando que era ele.

— A mesma pergunta você fazia para o seu pai, que não cansava de repetir: *um dia ele vai voltar.* Era impossível lidar com tudo isso. Com o tempo, a ferida foi cicatrizando, a marca ficou; aos poucos, as coisas foram retomando o seu devido lugar. Heitor voltou a trabalhar e o vazio provocado pela ausência do seu irmão foi se preenchendo. Como o Roberto sempre diz: *o tempo não cura, mas ameniza a dor da perda; o trabalho ajuda a cicatrizar a ferida; é a vida que segue em busca de respostas.*

— O pai mentia pra mim.

— Ele tentava contornar, entenda isso, nem eu nem ele sabíamos como lidar com a situação.

Derramei algumas lágrimas, então, ela segurou minhas mãos com força. Pensei que estivesse utilizando alguma tática para me comover e respeitei sua vontade, era uma forma de trazê-la para o meu lado.

— O pai gostava mais do Alexandre do que de mim.

— Não é verdade. Depois do que aconteceu, você mudou muito, ficou mais agressivo. Heitor relevava pensando no trauma da separação, vocês eram bastante apegados, mesmo assim, o distanciamento foi aumentando a cada dia. Para compensar a dor, ele fazia todas as suas vontades. Cheguei a sugerir um psicólogo, mas ele recusou. Uma coisa é lidar com negócios, outra coisa é lidar com filhos, um dia você vai me dar razão.

— Se depender de mim, filhos nem pensar.

— Agora você diz isso, um dia tudo vai ser diferente.

— Filhos pra quê? Pra ficar se lamentando depois? Olha o que aconteceu com a nossa família.

— Não é o que lhe acontece, filho, mas o que você faz com o que lhe acontece. O que a vida quer da gente é coragem.

Eu preferia pagar para ver. Antes de replicar alguma coisa, o telefone tocou. Era o tio Wladimir dizendo que viria depois do almoço para conversar com minha mãe.

— Por que não disse por telefone mesmo?

— Tem coisas que a gente não fala por telefone.

— Que coisas, mãe?

— Ele está preocupado com as finanças da empresa.

— Tio Wladimir, preocupado? Ele que espere até amanhã, quem tem que dizer alguma coisa sobre isso é a Cecília, gerente da área financeira.

— O que custa ouvir o seu tio?

— Contrate um executivo, mãe. Esqueça o tio Wladimir, ele não serve, pense no futuro da empresa.

— Por favor, William, me deixe sozinha.

Se não fosse da família, juro que detonava o meu tio na frente de todo mundo. Minha mãe sabia que ele não valia nada e fazia vista grossa para muitas coisas.

Uma coisa era certa, se ele assumisse o negócio, eu não sabia do que seria capaz.

Capítulo 11

Assim que deixei o quarto da minha mãe, fui direto para o computador e entrei no site da *American Airlines* disposto a mudar a data da volta. Que se dane o torneio de surfe. Era triste testemunhar a dor da minha mãe e ficar imune. Confesso que, pela primeira vez, fiquei mal ao vê-la naquela situação, sem saber para onde correr. Pior ainda seria ver o meu tio tomando conta de tudo.

No site da companhia aérea, descobri que a desistência ou o adiamento implicaria em multa de cinquenta por cento sobre o valor da passagem, sem contar ainda as penalidades do trecho no Brasil. Que inferno! Por que meu pai tinha de se meter a pilotar um avião a essa altura da vida? Não sei também por qual motivo me sentia culpado, não fui eu quem havia criado essa confusão toda. Por outro lado, pensava, o que seriam mais cinco mil para quem vai herdar alguns milhões? Contudo, lembrei-me daquele bendito extrato bancário.

No escritório, fiquei remoendo aquilo por um bom tempo. Nunca gostei de voltar atrás, por mais que considerasse isto uma deficiência minha, mas, às vezes, era necessário recuar. Fiquei com receio de abordar minha mãe, embora soubesse a resposta, ela não se negaria a autorizar a despesa. A questão era, mais uma vez, ter que pedir um favor.

Antes do almoço, eu havia tomado a iniciativa de trocar uma ideia com o Roberto por telefone. Ele me dava muita abertura para dizer o que quisesse e só o fato de me ouvir sem me criticar fazia toda a diferença.

— Fala, campeão.

— Tô num dilema danado, Roberto.

— O que foi agora?

Depois de contar a história, ele resumiu a conversa em uma frase:

— Mãe a gente só dá valor quando vai embora.

— O diálogo tá difícil, não tenho liberdade com a minha própria mãe. Tô com o saco cheio de tanto sermão.

Por fim, ele me castigou mais um pouco.

— Sabe, campeão, eu nunca conheci ninguém que tivesse tanto amor e consideração por você quanto sua mãe. Deixe de ser orgulhoso, abaixe a guarda, converse com ela. Se acontecer alguma coisa, você vai ser infeliz para o resto da vida, não basta o que aconteceu com seu pai?

★ ★ ★ ★

Por volta das duas da tarde, a campainha tocou, era o tio Wladimir. Eu ficava com o pé atrás toda vez que ele aparecia com aquela conversa mole para cima de mim. Como a gente convivia pouco, eu tentava tirar uma leitura mais apurada das suas intenções. Era difícil adivinhar o que tinha em mente; a cada vez que a gente se encontrava, ele tentava me comprar. Dissimulado ao extremo, eu não confiava nele.

— Meu sobrinho predileto.

Odiava aquilo, filho da mãe, eu era o único sobrinho dele.

— O que é tão importante para vir até aqui numa hora dessas?

— Preciso conversar com sua mãe em particular.

— Eu e minha mãe não temos segredos.

— Mas eu e ela temos. Por favor, dá um tempo, e vai arranjar alguma coisa para fazer — despejou com aquele sorriso falso de sempre.

Bobalhão, pensei. Não queria deixar os dois sozinhos, sabia da sua fama e do estrago que causou quando assumiu a empresa.

Minha mãe sugeriu que conversassem ali mesmo, porém ele insistiu por privacidade. Ela fez sinal com a cabeça e saí mais contrariado ainda. Meu tio era uma raposa velha, não dava ponto sem nó.

Os dois se acomodaram no sofá da sala e fiquei sentado na curva da escada de acesso ao segundo piso, onde não poderiam me ver, cuidando para não dar bandeira. Desconfiado, tio Wladimir começou a sussurrar. Fiquei com uma raiva danada, assim mesmo, era possível ouvir alguma coisa.

— O pessoal da firma...

— Preocupado com o quê? — ela perguntou em voz alta.

— Com o futuro da empresa, quem vai assumir o comando, a questão financeira, coisas desse tipo. Alguns me ligaram, outros me abordaram no dia do velório mesmo, sabe como é, o pessoal fica imaginando coisas.

— Não há com o que se preocupar — devolveu minha mãe —, alguém vai assumir. Heitor acabou de partir e a conspiração já começou?

— Todo mundo tem família, Helena, contas pra pagar. O pessoal tá... É natural.

— Apreensiva fico eu. Todos estão recebendo em dia, por que este sofrimento antes do tempo? Vamos encontrar alguém para assumir o comando e seguir adiante, isso eu garanto.

— Encontrar alguém? — meu tio perguntou com voz mais elevada.

— Eu queria contar com o William, mas ele está com a cabeça que é só surfe, não deve ter se sensibilizado com a morte do pai.

— Essa molecada de hoje não quer nada com nada, Helena, é diferente do nosso tempo — instigou meu tio.

— Esse menino não tem ambição, vou ter que me virar sozinha. Depois que mandou o pai para o inferno, perdi a confiança nele — reforçou minha mãe.

Juro que me segurei para não descer a escada e escancarar de vez o que passava pela minha cabeça. Uma descarga de adrenalina desceu pelo meu corpo, aguentei firme na esperança de arrancar mais alguma coisa.

— O que será que aconteceu com esse moleque?

— Não sei, meu irmão, só sei que ele está arredio. Desde aquele dia na praia, que não gosto nem de me lembrar, a coisa só piorou. Heitor tinha mais afinidade com o Alexandre e, de certa forma, o William percebeu; isso deve ter pesado, ele ainda era uma criança.

— É difícil lidar com essa meninada de hoje, minha irmã. Quando você pensa que tem eles na mão, vem a surpresa. A gente quer o melhor para eles e nem sempre o melhor deles é o nosso melhor.

Desconhecia o lado filosófico do meu tio, achei estranho, pois ele não tinha filhos. Desci mais um degrau para ouvir melhor a conversa, embora minha mãe estivesse mais solta e falando mais alto. Meu tio continuou cauteloso, com medo de que alguém ouvisse; devia estar desconfiado, mas fiquei firme até o fim.

— Como é que esse menino foi parar nos Estados Unidos?

— Ele queria muito fazer intercâmbio, contra a minha vontade. Pesquisou várias cidades e encheu a cabeça do pai até que o pai concordou. Decidiu morar em Washington e o combinado era permanecer um ano somente, para ele adquirir fluência no inglês.

— Devia ter cortado a mesada dele.

— Filho da mãe — resmunguei em voz baixa.

— No dia em que completou dezesseis anos, liguei para dar os parabéns e ele aproveitou para me dizer que ia se mudar para a Califórnia. Quase caí dura, sem saber o que fazer. Só faltou implorar, pensa que me deu bola?

— Quem é que pode com os filhos? — meu tio comentou.

— Ele me levou na conversa dizendo que ainda não tinha nada certo, mas, na mesma semana, despediu-se da família em Washington e se mandou para San Francisco. Depois, se envolveu com o surfe e deu no que deu. Quando o dinheiro encurtava, ele ligava chorando ao telefone, embora fizesse pouca questão de falar com o pai.

Meus lábios doíam de tanto apertá-los contra os dentes. Minha mãe não havia entendido nada do que falei. Perdi meu tempo, pensei, teria sido melhor não ter ouvido aquilo. Tive vontade de ir embora no mesmo instante. Começava a sentir cãibra na perna quando meu tio se manifestou:

— Helena, eu me proponho a tocar o negócio.

Depois de tudo o que aconteceu? Será que havia escutado direito? Antes de minha mãe pronunciar a próxima palavra, desci a escada feito um raio.

— Nem que você fosse formado em *Harvard*, tio!

— Que é isso, filho? — perguntou minha mãe assustada.

Tio Wladimir enrubesceu.

— A conversa não chegou até você — ele retrucou.

— Vá pro inferno, tio!

Capítulo 12

No meio daquela gritaria toda, minha avó apareceu. Tio Wladimir, astuto como sempre, deixou o desgaste para minha mãe.

— O que está acontecendo por aqui, meu Deus?

— É seu neto, dona Ana, deu de ficar ouvindo por trás da porta agora.

— Escuta essa, vó: tio Wladimir quer assumir a empresa! Não basta o que houve no passado? Tem tanta gente competente no mercado; se depender de mim, isso nunca vai acontecer.

— Não seja injusto — interferiu minha mãe. — Bem ou mal, foi ele quem segurou as pontas na época em que seu pai se afastou.

— Estranho, você mesma disse que ele não tem vocação pros negócios.

— Isso foi há muito tempo, qual a razão dessa hostilidade?

— Se cometer essa bobagem, mãe, juro que embarco amanhã mesmo pra San Francisco.

— Faça o que bem entender, William. Se não quer me ajudar, pare de opinar e vá embora; vai com Deus.

— Pelo amor de Deus, calma — aconselhou minha avó.

— Calma coisa nenhuma, tio Wladimir sempre quis isso.

— Deixe de besteira, moleque. Se tivesse um pingo de consideração por sua mãe, criava vergonha na cara e assumia o negócio em vez de deixar Helena doente.

— Não fale assim, Wladimir.

— Falo sim, Helena. Está na hora desse moleque inconsequente engolir a verdade. Você aqui esquentando a cabeça e ele torrando lá fora o dinheiro que nunca ajudou a ganhar! O que você quer da vida, rapaz?

— Vá embora, Wladimir, por favor. Vá embora, depois a gente conversa — minha mãe ordenou e, em seguida, apontou o dedo na minha direção. — E você, William, nem mais uma palavra, ouviu bem?

— É isso, mãe? O tio me diz um monte de asneiras e você manda ele embora? Quem vai embora sou eu, vou arrumar minhas coisas e procurar um hotel. Não tenho mais o que fazer por aqui. Amanhã eu volto para San Francisco e a senhora coloca no comando quem você quiser.

— Pode voltar, por tua conta e risco — ela alertou.

— Se soubesse que ia dar nisso, nem teria vindo. Nunca vou admitir que o tio assuma os negócios do meu pai. Se eu não tenho competência, tem muito menos ele que parou no tempo.

— William, escute sua mãe.

— Que inferno, vó!

— Um dia você vai compreender tudo isso — aconselhou minha avó — e não vai conseguir mudar mais nada. Seja razoável, pense no teu pai, na tua mãe. Chega de confusão, William.

Quando percebi, minha mãe estava sentada no sofá com a cabeça apoiada nos dois braços. Subi para o quarto, me atirei em cima da cama e dei uns quatro ou cinco socos no travesseiro a fim de descarregar toda a raiva que sentia. Então, visualizei a imagem do tio Wladimir e bati ainda mais forte.

JERÔNIMO MENDES

★★★★

    Mais tarde, quando levantei para fazer a mala, minha avó entrou no quarto. Com sua voz mansa, ela era capaz de amaciar o coração do pior dos bandidos. Ela ficou ali, admirando minha desenvoltura para dobrar as roupas, aguardando uma chance de me botar contra a parede.

    — Tem coisas que apenas o tempo é capaz de ensinar, outras, porém, ninguém precisa esperar para aprender. Um dia, isso vai ter um preço que dinheiro nenhum do mundo vai compensar.

    — Só quero proteger minha mãe, vó.

    — Deixe essa mala de lado, meu neto, esqueça isso. Amanhã cedo a vó ajuda você a arrumar, está bem?

    — Vou pedir uma coisa e sei que a senhora pode me ajudar: não deixe a mãe entregar o comando da empresa pro tio, ele é ambicioso, manipulador, vai colocar tudo a perder. A turma vai se rebelar, escreva o que eu digo, vó. É melhor contratar um executivo de mercado.

    — Vou falar com Helena. Ela entende disso, tem curso superior, lê bastante, é inteligente, vai saber o que fazer. O Roberto disse que isso demora, não é tão simples.

    — Seja qual for o tempo, vó, será melhor pra todo mundo, senão, vai ser difícil chegar a um acordo.

    — Se você ficar aqui, pelo menos por um tempo, pode tomar ciência de tudo e avaliar a situação até que sua mãe volte ao normal. Depois, quando as coisas acalmarem, você retorna à sua vida.

    — Ah, vó, eu demorei pra me encontrar. Quando tô em cima da prancha, esqueço do mundo. Eu escolhi uma coisa que gosto e, se tudo der certo, nunca mais vou ter que trabalhar na vida, consegue entender isso?

    — Algumas coisas estão fora do nosso controle. Às vezes é necessário dar um passo para trás, esperar a tempestade passar, ajustar as velas e depois seguir adiante. Quem poderia imaginar que seu pai ia embora dessa maneira?

— Odeio tudo isso, vó, não pedi pra nascer.

Ela segurou minha mão e olhou bem nos meus olhos do mesmo jeito que o meu pai fazia.

— Sei muito bem o que você está sentindo, a vó está do teu lado.

— Só queria ser feliz do meu jeito, vó, só isso — argumentei.

— Você tem muito do seu pai: o espírito aventureiro, rebelde, querendo provar para todo mundo que é diferente. Com o tempo, ele foi ficando mais manso, mais resignado, mais responsável. Ninguém tem culpa de nada, William, a realidade é essa. A vida vai batendo na gente, vai testando nossa paciência e, quando você pensa que está bem, o mundo desaba. A mesma dor que você está sentindo com a possibilidade de abrir mão do sonho, sua mãe e eu sentimos com a perda do seu pai.

— Eu só quero que ela me aceite do jeito que sou, que confie em mim e respeite minhas escolhas. É pedir muito?

— Não exija isso dela agora. Helena está passando por um momento de provação, vai levar algum tempo até se recompor.

— A senhora nem parece que perdeu um filho, vó.

— Já perdi seu avô, dois companheiros, seu pai; a vida não é justa, mas é boa. É preciso seguir em frente, o tempo não se interrompe para que você junte e cole os cacos no meio do caminho.

— Tudo na vida tem dois lados, ela só quer saber do lado dela — disparei.

— Sua mãe tem mais experiência — discorreu minha avó sob outro ponto de vista. — Não estou dizendo que você está no caminho certo ou errado. São vários caminhos e, ainda que escolham caminhos diferentes, vão precisar um do outro; vocês são sangue do mesmo sangue.

— Eu nem devia estar aqui. Quero escrever a minha própria história; talvez eu me arrebente, mas vou até o fim.

— Escolhas e consequências, meu neto, tudo tem um preço.

— É muito cedo pra pensar nas consequências.

JERÔNIMO MENDES

Minha mãe bateu na porta do quarto e entrou. Eu havia me tornado reativo à presença dela e esperei que se manifestasse.

— Acabei de tomar uma decisão que vai mudar o futuro da empresa: eu mesma vou assumir o comando a partir de amanhã.

— Como assim, Helena? Você não está em condições.

— Tem outro jeito, dona Ana?

— E o Wladimir?

— Tenho outros planos para ele.

Que planos seriam esses? Pensei em mil coisas, mas evitei entrar em um novo embate com ela.

— A senhora pensou naquela ideia do executivo, mãe?

— O nosso gerente de Recursos Humanos, o Júlio César, me disse que o processo de recrutamento pode levar de três a seis meses, além de custar muito caro. Não temos condições de bancar despesas extras, devemos nos virar sozinhos.

— Deixe de ser orgulhosa, mãe. Custa caro, mas tem que ser feito.

— Orgulhosa, eu?

Era difícil imaginar minha mãe na gestão, controlando tudo com mão de ferro como se estivesse dentro de casa. Sem dúvida, ia dar o que falar e eu não queria testemunhar aquilo. O que ela dizia fazia pouco sentido.

— Não vou deixar que a senhora assuma, mãe.

— Eu perguntei a sua opinião, filho? — rebateu sem levantar a voz. — Você já tomou a sua decisão, portanto, não interfira na minha.

Capítulo 13

Minha mãe sabia ser dócil feito uma brisa e devastadora como um *tsunami*. Por um instante, imaginei que ela fosse me dar uma bronca, embora tenha sido dura comigo. Apesar do desconforto, consegui convencê-la de duas coisas importantes: voltar para San Francisco e eliminar a ideia absurda de colocar a empresa na mão do meu tio.

Outra preocupação era o pagamento da taxa de inscrição do torneio; poderia quitar na volta, mas, por tudo o que aconteceu, preferia evitar o risco. O problema é que estava sem grana e o limite do cartão havia estourado por causa da passagem que comprei para vir ao funeral do meu pai.

— Pode ficar tranquilo, a mãe não vai mais atrapalhar sua vida. Um dia, você vai voltar e, quando isso acontecer, talvez eu já tenha partido desta para melhor.

— Do que você tá falando, mãe?

— Nada não.

— Quero apenas ser feliz, mãe. Você devia fazer o mesmo.

— Você acha que não sou feliz, que não sinto orgulho de tudo que eu e seu pai conquistamos com tanto sacrifício?

— Fala sério, mãe, de que valeu tudo isso?

— Respeite seu pai. É assim que vai preservar a memória dele?

O que ela disse fazia sentido, mas onde eu ia esconder o meu orgulho?

Engoli seco.

★★★★

Depois que minha mãe saiu, entrei no site da empresa organizadora do torneio com o cartão de crédito em mãos, a fim de pagar a bendita taxa de inscrição. Saldo insuficiente. Que sacanagem é essa?

Ao acessar minha conta vinculada ao cartão e conferir os dados, soltei um palavrão contido. Por que comigo? Droga, não era possível que ia ficar de fora por causa daquela quantia ínfima.

De imediato, lembrei-me do Johnny. Ele poderia ajudar. Tanto sacrifício para nada, pensei. Fiquei tenso, comecei a suar. Onde estava aquele infeliz que não atendia a droga do telefone? Deixei recado no *Facebook*, no *Whatsapp*, enviei e-mail e nada de retorno. Droga.

Liguei para a central de atendimento do cartão, minha orelha ardia quando chegou a minha vez. Expliquei o problema, queria apenas um aumento insignificante de vinte dólares para completar o limite.

— Por favor, eu preciso de ajuda — disse em inglês.

— Só um minuto — respondeu a atendente antes de me deixar ouvindo aquela musiquinha infame.

— Droga!

Levou um tempo razoável para descobrirmos o que aconteceu. Houve um débito de vinte e dois dólares, autorizado por mim, referente à primeira parcela da assinatura da *Surfing Magazine*; havia me esquecido disso.

— Dá para aumentar o valor do limite, pelo menos uns trinta dólares?

— Só um minuto.

Quando se trata de resolver problemas de cartão de crédito, "só um minuto" quer dizer vários minutos. Eu estava disposto a implorar, se necessário, e ela abriu um procedimento; bastava conferir direto no site dentro de uma ou duas horas. Estranhei o fato, pois nos Estados Unidos as operadoras querem mais é que a gente se enterre no cartão.

— Quanta má vontade — resmunguei em português.

★★★★

A tarde passou rápido. Lá pelas seis, decidi caminhar um pouco a fim de espairecer, o sol e a brisa me ajudariam a colocar as ideias no lugar. No caminho, lembrei-me da minha mãe me mandando calar a boca. Meu pai mal havia esfriado no caixão e nosso relacionamento começava a tomar forma de um vulcão adormecido, dando sinais de que poderia despertar a qualquer tempo. Decidi recolher a guarda para evitar a erupção, mas sentia a terra tremer.

Quando minha mãe comunicou a decisão de assumir o negócio, achei precipitado e, ao mesmo tempo, fiquei aliviado em saber que a empresa ficou livre daquele safado do meu tio. Ele tinha um e meio por cento das cotas, uma quantia ínfima. Meu pai o incluiu na sociedade de tanto ele reclamar do desconto do imposto de renda. Por outro lado, pensei na saúde frágil da minha mãe e na sua falta de experiência em lidar com aquelas cobras disfarçadas de puxassacos. Odeio gente dissimulada. Meu pai sempre dizia que havia muita hipocrisia no mundo dos negócios e que algumas pessoas eram capazes de "matar a mãe só para não perder uma festa de órfãos". Tio Wladimir era um deles.

★★★★

Na volta, encontrei o Roberto sentado no sofá da sala conversando com minha avó. Imaginava que tivesse vindo fazer uma visita de cortesia, como amigo da família. Minha mãe não estava na sala, por isso, fiquei ainda mais curioso. A ligação dele com a minha avó era mínima, então, me veio um monte de coisas na cabeça. Roberto falava alto, mesmo assim, era difícil ouvir a conversa. Elvis ficou por ali, pronto para abanar o rabinho quando a música do rei tocasse.

— E daí, campeão, tudo em ordem?

— Que surpresa — respondi com um aperto de mão.

— Quero trocar uma ideia contigo no escritório.

Não pode ser coisa boa, imaginei. O que será que ele tinha para me dizer que ainda não havia sido dito? Minha avó teria dito alguma coisa que não devia? Eu conseguia conspirar contra mim mesmo antes do tempo, por precaução ou inexperiência talvez, e as coisas costumavam tomar uma proporção maior do que a necessária.

— Qual é o problema?

— É o seguinte, campeão — começou com voz firme e a comparação com o meu pai foi inevitável —, nós convivemos muito pouco juntos, mas sei do seu caráter. Sei também o quanto seu pai queria ver você encaminhado. Sua avó me contou que você tomou a decisão de voltar para San Francisco, respeito isso, afinal, você já é maior de idade, deve saber o que está fazendo.

— Pare de enrolar, Roberto. Por que não vai direto ao assunto? — questionei tentando abreviar aquela conversa indigesta e imaginando onde ele queria chegar.

— Eu acompanhei toda a trajetória do seu pai. Ninguém melhor do que eu para dizer o quanto ele lutou até chegar onde chegou. Desde o começo, Heitor nunca olhou para trás, ele respeitava suas origens, via o futuro com otimismo, ajudava as pessoas e, o mais importante, aprendeu a ganhar dinheiro sem se tornar escravo dele. Seu pai tinha vários defeitos, campeão, e nunca deixou de reavaliar algumas posições quando se sentia inseguro.

— Meu pai era o meu pai, Roberto. Que mania vocês têm de ficar me comparando a ele.

— Nada disso, de vez em quando é necessário rever alguns pontos de vista. Todos nós temos sonhos e, infelizmente, nem todos se realizam. Talvez seja essa a sua missão, cuidar dos negócios da família.

— Quer dizer que, se a maioria não consegue, eu também não posso, é isso? Devo desistir de tudo e ser um infeliz empresário bem-sucedido?

— Não seja radical — devolveu Roberto com mais ênfase.

— Parece minha mãe falando, foi ela quem mandou você aqui?

— Vim como seu amigo e amigo do seu pai. Você sabe tanto quanto eu que sua mãe não tem a menor chance diante daquele bando de sanguessugas. Salvo um ou outro, a maioria não tem condições de permanecer no cargo.

— Por que tá me dizendo isso?

— Seu pai conhecia um por um e, quando pensava em mudar, ficava com dó. Foi ele quem contratou essa turma.

— Engraçado, toda vez que tomo uma decisão, Roberto, chega alguém e tenta colocar minhoca na minha cabeça.

— Vou ser mais direto contigo, campeão: se você quer ver o negócio afundar, vá embora. Os únicos dois com quem ela pode contar são o Júlio César e a Cecília; o problema é que os dois morrem de medo do seu tio. Sua mãe vai pirar.

— Você tá dizendo isso pra me deixar preocupado, talvez seja a pessoa mais indicada para orientá-la.

— Sou apenas um motorista, campeão. Seu pai morreu e confesso que levou um pedaço de mim, perdi o ânimo.

— A empresa caminha no vermelho há quase dois anos, sabia disso?

— A questão é bem mais complexa do que você imagina.

— Pare de falar em código, Roberto.

— Pouco antes de morrer, seu pai havia feito o testamento com ajuda do doutor Eros, advogado da empresa. Você só vai ter direito à herança se assumir os negócios da família.

— Como é que você sabe disso?

— Eu era amigo do seu pai, lembra?

— Meu pai nunca faria uma sacanagem dessas, Roberto — resmunguei em voz alta.

Eu havia me tornado refém de mim mesmo com a chave das algemas na mão e sem coragem de abri-las. Pior do que isto seria descobrir que minha mãe havia concordado.

Que inferno!

Capítulo 14

Com a morte do meu pai, imaginei tudo diferente. As feridas abertas ao longo dos últimos dez anos pareciam ter sido incorporadas por minha mãe assim que ele partiu. Eu queria evitar uma nova batalha para ver as coisas acontecerem do meu jeito e, naquele instante, não via outra saída. Senti que deveria abreviar ainda mais a permanência no Brasil. Minha ideia era antecipar a ida ao aeroporto e me livrar daquela situação incômoda a ter que enfrentar minha mãe toda vez que ela cruzava o meu caminho.

Roberto se despediu deixando um monte de dúvidas na minha cabeça. Seu esforço para juntar os cacos da nossa relação familiar era louvável e, lá no fundo, minha esperança girava em torno disto. Minha mãe queria impor sua autoridade e eu não abria mão do meu orgulho.

Antes de subir para o quarto a fim de fazer a mala, entrei no site do cartão de crédito. Limite atual: US$ 10,200. Um problema a menos, pensei, saldo suficiente para pagar a inscrição. Quanto ao testamento, confesso, custava a acreditar. Era mais fácil um burro voar, como dizia minha avó, do que abrir mão da minha parte na herança.

JERÔNIMO MENDES

Pensar em tudo isso reforçava ainda mais o que tinha em mente sobre meu pai, apesar de todo mundo dizer o contrário. Inteligente, honesto, criativo, capaz, porém autoritário e mesquinho em certo sentido. E se minha mãe estivesse trilhando caminho parecido, em meio a tantas palavras doces que predominavam no seu discurso? Nossa relação teria o mesmo destino.

Domingo à noite preferi ficar no quarto, embora fosse a última refeição em família antes da partida. Minha mãe e minha avó tinham costume de almoçar e jantar todos os dias, herança do meu pai, entretanto, eu já estava desabituado e acabei fugindo.

★★★★

Na manhã seguinte, encontrei as duas na mesa do café, com feições indefinidas. Disse bom-dia e não sorri, nem elas. O café era farto, suco, patês, geleia, presunto de peru e queijo, além de bolo de laranja preparado pela mão cheia de Mariana, uma das coisas boas que me dava saudade em San Francisco.

— Hoje é o grande dia, então? — perguntou minha mãe.

— Grande dia?

— De voltar ao paraíso.

— Que paraíso, mãe, por que esse deboche?

— Não é assim que vocês se referem à Califórnia?

— Nem tudo são flores.

— Tenho uma reunião com o pessoal da empresa às onze, mas eu volto para o almoço — reforçou com autoridade de quem havia decidido assumir de vez o comando. — Quero tranquilizar o grupo e saber como andam as coisas.

— Espero que dê tudo certo, mãe.

— Quero aproveitar a presença da sua avó e lhe dizer uma coisa: a partir de agora, pelo menos até o inventário sair e a gente saber como fica a situação da empresa, as despesas em San Francisco são por sua conta e risco. Portanto, já sabe, vê se arranja um emprego por lá.

— Sem problemas, mãe — respondi com indignação. — Tem como você adiantar um pouco de grana e descontar depois da minha parte na herança?

— Quem foi que disse que você terá herança?

Empurrei a cadeira para trás com força e fiquei de pé enquanto minha avó balançava a cabeça; mal havia tocado na xícara de café e no pão com patê que havia preparado.

— Tenho meus direitos — retruquei.

— A gente se vê mais tarde, William.

— Talvez — resmunguei e saí.

— Volte aqui — minha avó disparou.

Nunca desejei tanto que meu pai estivesse vivo como desejava naquele momento, balançando a cadeira de um lado para o outro, com os pés suspensos, como sempre fazia quando se dispunha a me passar algum sermão.

★★★★

Assim que me afastei da copa, liguei para o Roberto antes que minha mãe o chamasse para levá-la até a empresa. Evitei dizer o motivo, era provável que desse com a língua nos dentes ainda que eu implorasse. Recomendei que viesse assim que a deixasse na empresa e pedi a ele sigilo, em nome da nossa amizade.

Quando minha mãe saiu, procurei a vó Ana e expliquei minha intenção. Eu havia decidido ir embora antes de a mãe voltar, caso contrário, ia sobrar para mim e eu teria que pagar o preço da indecisão. Minha avó era compreensiva e bem mais tolerante.

— Você sabe muito bem o que está fazendo, não sabe? — perguntou minha avó. — Helena não vai aguentar. Ela já concordou com a volta, custa esperar mais um pouco?

— Vai ser melhor assim, vó. A senhora sabe o jeito da mãe. Vou deixar um bilhete de despedida, depois eu me entendo com ela.

— Isso não é papel de homem, William. Pode agravar o estado de saúde dela, daí eu quero saber como você vai fazer.

— Vai dar tudo certo, vó, fique sossegada.

— Sua mãe não merece isto.

★★★★

Em torno de dez e meia, Roberto estava de volta. Respirei aliviado, já havia descido a mala e me despedido de Mariana. Minha avó me acompanhou e foi argumentando até o carro, só faltava ficar de joelhos.

— Espere tua mãe, criatura.

— Sem chance, vó.

Ao me aproximar do carro, Roberto me olhou espantado, imaginando, talvez, que não vinha coisa boa pela frente.

— O que é isso, campeão, onde você vai?

— Me ajude com a mala.

— Sua mãe vai querer o meu pescoço.

— Fique sossegado, ela adora você.

— O que é que eu vim fazer aqui? — Roberto perguntou com expressão de poucos amigos. — Você devia ter me avisado, sua mãe não merece isso.

— Você também, Roberto?

Dei um abraço apertado na minha avó e olhei firme para ela, as lágrimas não me obedeciam.

— A vó vai rezar por você, mas não concorda com o que está fazendo – ela disse deslizando as mãos em meus cabelos.

JERÔNIMO MENDES

Depois, retirou um envelope do bolso do casaco, colocou na minha mão e pediu que abrisse dentro do avião. Fiquei intrigado, bem que podia ser uns dez mil dólares, mas respeitei a vontade dela. Ela sabia ser mãe e avó.

Na entrada do aeroporto, fomos recepcionados por uma neblina. Desde a manhã, o sol ainda não havia dado sinal de vida e, como ainda faltavam quase quatro horas para o voo até o Rio, procurei manter a calma e fiquei atento à possibilidade de minha mãe aparecer e me botar em maus lençóis. Desliguei o celular e, minutos depois, me arrependi. Talvez ela ainda pudesse dizer alguma coisa que me fizesse sair do Brasil com uma lembrança boa, diferente do que aconteceu com o meu pai. Por que razão os pais têm dificuldade de aceitar as escolhas dos filhos? Nunca faria isso com meus filhos, pensava.

Roberto não quis ficar. Depois de encher minha cabeça com milhões de recomendações, despediu-se com um abraço e saiu sem olhar para trás, havia prometido buscar minha mãe depois da reunião.

Se minha mãe desse o ar da graça, a situação poderia complicar. Fiquei torcendo para que a reunião fosse mais longa do que o necessário, para o meu bem e o dela.

★★★★

Dentro do aeroporto, dezenas de voos cancelados aumentavam a pressão de quem tentava disfarçar a ansiedade e, apesar da incerteza, o *check-in* estava aberto. Eu queria me livrar daquela fila imensa o quanto antes e me perdia em pensamentos.

Na sala de embarque, apinhada de gente, o painel de informações sinalizava uma sequência interminável de *delayed*. Enquanto procurava um canto para sentar, o celular vibrou, era minha mãe. Vibrou por mais três vezes, relutei em atender. No meio daquela confusão, eu me sentia mais seguro, exceto pela incerteza da partida. Fiquei por ali contemplando o caos, fazendo de tudo para afastar os pensamentos incômodos.

Pouco antes do embarque, recebi um torpedo no celular. Imaginei o pior e fiquei com receio de ler, havia vivido algo parecido antes de meu pai morrer. Seja o que Deus quiser, pensei.

Em Curitiba, quase uma hora de espera na pista foi insuficiente para reduzir minha angústia. Meu coração pulsava além do normal. Depois de alguns segundos de reflexão e, contrário à recomendação da tripulação, decidi encarar o celular.

"Eu não merecia isso depois de tudo que fiz por você, fica com Deus".

Foi como se um punhal atravessasse o meu peito lentamente.

Capítulo 15

O caos provocado pelo fechamento de alguns aeroportos era visível, parecia que a elite viajante do Brasil havia se concentrado no Galeão. Embora o tempo estivesse melhor, as coisas nunca andam como a gente quer. A fim de evitar mais contratempos, e com a mala nas costas, saí em disparada em direção ao terminal um; tinha pouco tempo para confirmar o voo.

Na área do *check-in*, fui tomado por um ligeiro desânimo. Deve ser praga de alguém, pensei. Quando vou conseguir me livrar desse caos chamado aeroporto? Lembrei-me do cartão *special class* e não pensei duas vezes, saí da fila e comecei a procurar o guichê específico a fim de encurtar o tempo. Era quase impossível transitar no meio daquela confusão. Por que as coisas tinham de ser tão difíceis para mim?

Em frente ao painel de informações, alguém tocou o meu braço.

— Precisa de ajuda, senhor?

— Tenho um voo para San Francisco, Ludmila — respondi depois de fitar o nome dela no crachá.

— Deixe-me ver seu passaporte, por favor.

Procurei por todos os cantos da mala, nos bolsos, na pasta do *MacBook*. Por um instante, me desesperei.

— Droga! Existe alguma chance de fazer o *check-in* sem passaporte? - perguntei com jeito, mesmo conhecendo a resposta.

— Voo internacional? Impossível.

Onde eu poderia ter colocado o passaporte? Será que minha avó ou minha mãe haviam tirado da mala para evitar que eu saísse de casa? Era difícil acreditar nisso, elas não seriam capazes.

— Por favor, me dê um tempo, Ludmila.

— Estou por aqui — ela respondeu com um sorriso arrebatador.

De joelhos, no meio daquele movimento, comecei a revirar tudo dentro da mala e resmunguei baixinho: *pai, pelo amor de Deus, me ajuda*. Retirei peça por peça, olhei por dentro do forro, vasculhei o bolso das calças, verifiquei no meio das toalhas, abri a pasta do *MacBook* outra vez e nada. Pensei em ligar para minha mãe ou para o Roberto, mas se tivessem encontrado já teriam avisado, pensei. Orgulho imbecil.

Recoloquei tudo de volta, passei o cadeado na mala e levantei diante de uma multidão curiosa. Uma voz no alto-falante aumentava a pressão sobre mim: "passageiros com destino a San Francisco, última chamada para o embarque, por favor, queiram se dirigir ao portão de número trinta e três. *Now boarding!*".

Juro por tudo o que é mais sagrado, senti vontade de morrer e lembrei de minha mãe com suas frases de efeito: *não é o que lhe acontece, filho, mas o que você faz com o que lhe acontece. O que a vida exige da gente é coragem*. Aquilo me bastou para manter os nervos no lugar.

Ao ficar em pé, senti um volume diferente na barriga, coloquei a mão no bolso do lado externo da jaqueta e não consegui alcançar. Enfiei a mão no bolso de dentro e descobri um furo enorme, então, retirei a jaqueta na mesma hora.

— Obrigado, meu pai!

Foi um grito mais ou menos contido, de alegria ou de desespero, tudo misturado. Com os olhos fechados, dei um beijo no passaporte.

JERÔNIMO MENDES

Ludmila se reaproximou.

— Venha, vamos dar um jeito nisso.

Eu tinha mais sorte do que juízo nos aeroportos. Ela me levou direto ao guichê da *American Airlines*. Fiquei com uma vontade imensa de agradecer com um beijo e me contive. Era difícil passar pela minha cabeça que uma mulher linda daquele jeito estivesse sozinha, mas arrisquei, sem medo de ser feliz:

— Quando for a San Francisco, me procure. A Califórnia é um sonho.

— Quem sabe se o meu marido deixar? — ela respondeu com um sorriso indecifrável.

Meio sem graça, tentei consertar:

— Pode ir com o marido, vocês vão amar do mesmo jeito.

— Boa sorte, William, corra antes que perca o voo.

Sua face corada me transmitiu uma sensação confortável. Se pudesse levá-la comigo, não hesitaria. O mais intrigante é que ela não usava aliança, deve ter feito isso para me descartar. Linda daquele jeito, era possível que passasse por aquilo o tempo todo.

Com o cartão de voo nas mãos, segui apressado em direção à sala de embarque, com mais cautela para evitar o que aconteceu no Rio, quando fui abordado por aqueles dois brutamontes da Polícia Federal.

Todo cuidado era pouco.

Antes de decolar, hesitei em ligar para minha mãe. Ela devia estar uma fera comigo. Se alguma coisa acontecesse a ela, nunca me perdoaria, bastava o remorso que carregava pelo que houve no dia do enterro do meu pai, quando não consegui segurar nem a alça do caixão dele.

★★★★

O voo para San Francisco era mais ou menos calmo, porém, dessa vez, o piloto deve ter escolhido o pior trajeto. Entre uma turbulência e outra, era impossível me desligar dos meus pais. Antes, era apenas uma preocupação: meu pai. Agora, eram duas: meu pai e minha mãe.

Quando o piloto anunciou a passagem por Lima, no Peru, lembrei-me do envelope que minha avó me deu, havia colocado no fundo da mochila. Quando tomei a iniciativa de levantar, uma voz grave anunciou no alto-falante: "senhores passageiros, permaneçam sentados e com os cintos afivelados, estamos passando por uma área de turbulência".

Ao meu lado, um senhor enorme me mandou ficar sentado, era só o que me faltava, pensei. Do outro lado, uma senhora de meia-idade resmungava uma oração sem parar como se estivesse vivendo os últimos segundos na Terra, ou melhor, no céu. Fiquei na minha; nunca me preocupei com turbulência, confesso, mas o comportamento tresloucado das pessoas incomodava.

Aquele envelope não me saía da cabeça, queria abri-lo antes de chegar e a curiosidade me matava. Quanto mais você quer algo, mais difícil lhe parece. Será que minha avó queria dizer alguma coisa importante? Quem sabe, preferiu escrever, imaginei.

★★★★

Depois de quatro horas e meia de voo, consegui, finalmente, botar a mão no envelope. Aproveitei que a maioria dos passageiros estava dormindo e retirei a mochila do bagageiro. No fundo, localizei o envelope com o meu nome escrito à mão do lado de fora. Tinha certo peso. Fotografias, talvez?

Pensei em abrir no banheiro, mas retornei para a poltrona; faria isso na primeira oportunidade. O conteúdo, envolto numa folha de papel em branco, aumentava ainda mais a minha ansiedade. Olhei para os lados, coloquei a mão dentro e retirei-o devagar. Olhares atentos e curiosos me acompanhavam. Sabe quando alguém olha na sua direção achando que você vai fazer alguma coisa errada?

Aguardei um pouco mais, olhei em volta outra vez até me certificar que ninguém prestava atenção. Um facho de luz, vindo do *iPad* de um passageiro da frente, iluminava minha mão. Hesitei por um instante, disfarcei um pouco mais e comecei a desenrolar aquele embrulho feito com capricho. Minha avó era a mestre do suspense, aliás, ela adorava filmes do Hitchcock, deve ter aprendido com ele e eu gostava disso.

Com pouca luminosidade, percebi que se tratava de um maço de notas de cinquenta e cem dólares, minha euforia foi às alturas. Empurrei-o de volta e, com muito jeito, puxei apenas a folha que continha algumas palavras. Ela não passou do segundo ano do ensino fundamental, mas a caligrafia era perfeita, de dar inveja a qualquer escrivão. Minha letra só era boa por causa dela, ela tinha uma paciência danada comigo quando era pequeno.

"William, aceite parte das minhas economias que lhe será muito mais útil. Não é muito, mas é de coração. Espero que isso lhe ajude a refazer seu caminho. Dinheiro é apenas um paliativo, não resolve todos os nossos problemas. Quanto menos depender dele, mais feliz você será; e nunca se esqueça da família, ela sempre foi e sempre será a base de tudo. Um grande beijo da vó que lhe tem em alta conta e no fundo do coração. Vó Ana."

Meu coração quase saltou pela boca. Por que eu havia feito aquilo com minha mãe? Sempre existe um jeito de resolver as coisas de maneira civilizada. Isso me fazia pensar ainda mais no surfe; de alguma maneira, a conquista do torneio seria a melhor forma de me redimir e reconquistar o respeito dela.

Minha avó era o meu pai escrito, passei a conhecê-lo melhor por meio dela, mas era difícil consertar o passado. Em ambos, havia um misto de generosidade e dureza. Eu estava infeliz com a situação e comecei a sentir raiva de mim mesmo.

Capítulo 16

Com o título de campeão, minha carreira seria promissora e o sol voltaria a brilhar na minha praia, imaginei. Minha mãe daria pulos de alegria e passaria a me ver com outros olhos. Era possível sentir nos lábios o gosto da água salgada misturada com lágrimas de emoção nas ondas de Santa Bárbara, San Diego, San Francisco, Santa Mônica e qualquer outro lugar que me permitisse mostrar o quanto era capaz. Conquistar um título era tudo o que precisava para amolecer o coração dela.

Na terça pela manhã, o avião pousou em San Francisco. Senti o frescor da brisa do mar a quilômetros de distância. Contudo, havia esquecido de avisar o Jota, meu amigo empreendedor e, como se ainda não bastasse, fiquei sem um tostão no bolso.

Com a mochila nas costas e a mala deslizando pelo chão do aeroporto, lembrei-me do envelope que minha avó me deu, era a minha salvação. Próximo à entrada do banheiro masculino, retirei o envelope de dentro da mochila e separei uma nota de cem dólares, suficiente para pagar o táxi até a Lombard Street, embora estivesse com uma vontade incontrolável de contar o dinheiro.

JERÔNIMO MENDES

Sem pensar duas vezes, dobrei a nota, enfiei no bolso da camisa e saí apressado em direção ao ponto de táxi. Não via a hora de chegar em casa, tomar um bom banho, relaxar um pouco e voltar a me dedicar aos últimos treinos antes do torneio. Minha mente estava conectada ao evento.

★★★★

Dentro do táxi, senti um frio na barriga. Olhei para dentro da mochila e acabei soltando um palavrão em português. Pedi desculpas e implorei ao taxista para retornar ao aeroporto. Naquela euforia toda, acabei deixando o envelope sobre o banco enquanto ajeitava as coisas na mochila.

Inconformado, tentei explicar ao taxista o que havia ocorrido e prometi pagá-lo em dobro, caso encontrasse o envelope. Ele deve ter ficado com receio de não receber nem a primeira parte, mesmo assim concordou em voltar sem esboçar qualquer sorriso.

Ao chegar ao aeroporto, pedi que permanecesse no mesmo lugar até a minha volta. Por garantia, deixei a mala dentro do carro, levei apenas a mochila e a carteira.

Naquele bendito banco, nenhum sinal do envelope. Droga. Olhei por todos os lados tentando encontrar uma pista e perguntei para algumas pessoas mais próximas, ninguém viu nada parecido. Tentei uma aproximação com dois agentes federais que circulavam por perto e fui orientado a procurar a sessão *Lost and Found*.

Eu não fazia a mínima ideia de quanto havia no envelope. Poderia ter chutado o valor e, se tivesse sido entregue, como poderia provar que era meu? Com muito jeito, expliquei o fato e solicitei a busca nas câmeras de segurança, mas para isso precisaria de um mandado judicial, o que levaria mais tempo do que eu podia esperar. Além do mais, eu vivia nos Estados Unidos com o visto de intercâmbio prestes a vencer e a situação era pouco confortável.

Olha só o que você fez, mãe — pensei.

De volta ao táxi, encontrei o motorista querendo me cobrar o triplo do valor. Expliquei outra vez o que aconteceu, pedi desculpas e ofereci minha única nota de cem dólares para ele me levar até em casa. Por sorte, tratava-se de um paquistanês bom de papo, dono de uma barba imensa, pai de cinco filhos. Na medida em que fomos dialogando pelo caminho, ele acabou se descontraindo e tomando as minhas dores.

★★★★

Johnny estava em casa e correu para me dar um abraço, fazia tempo que a gente não se via. Perguntou sobre o meu pai e resumi o que havia acontecido nos últimos três dias. Ele parecia mais sensibilizado do que eu. Por que eu não conseguia me deixar abater com a morte do meu pai, apesar de me sentir culpado por não ter me despedido dele?

Evitei alongar a conversa. Uma única questão latejava na minha mente: como contar à minha avó sobre o envelope? Johnny me falou da carta enviada pela imobiliária sobre o pedido de devolução do imóvel e isso não fazia parte dos meus planos, eu ia dar um jeito.

★★★★

Durante a tarde, procurei relaxar um pouco antes de desfazer a mala e reiniciar minha peregrinação. Depois de tantas idas e vindas, parecia que havia levado uma surra antes do torneio, o mais importante da minha vida, e relaxar era a única opção. Apesar de tudo, estava determinado a reiniciar o treinamento no dia seguinte, faltavam quatro dias para a competição.

★★★★

Na manhã seguinte, levantei cedo, preparei a prancha e a bolsa de acessórios. Antes, dei uma olhada na *internet* para conferir se estava tudo certo com a inscrição. Depois, fui até a garagem, ajeitei a prancha na moto e saí em direção a Ocean Beach, um dos melhores pontos de surfe da cidade, próximo à Golden Gate. No caminho, parei na primeira Starbucks que encontrei e, com alguns trocados, consegui comprar um bom café *latte* e um pedaço de *lemon cake*, meu preferido, isso me bastava.

O mar amanheceu agitado. Uma brisa fria tomou conta do local e, mesmo para quem era acostumado, seria difícil surfar com a temperatura beirando zero grau. Porém, havia acordado com muita disposição para encarar o desafio e aproveitar a chance de aperfeiçoar um pouco mais a minha técnica. Com mais de cem inscritos no torneio, estava disposto a fazer o meu melhor, queria que minha mãe e meu pai sentissem orgulho de mim.

Dezenas de surfistas se preparavam para enfrentar as ondas enquanto eu me concentrava naquele cenário convidativo. O sol ensaiava os primeiros raios em meio a um céu semicoberto de nuvens acinzentadas. Nenhum obstáculo seria capaz de me desviar do objetivo.

Entre uma onda e outra, veio-me à cabeça a lembrança do meu irmão e, por um instante, imaginei: quem devia estar vivo era ele. Ele adorava o mar e eu sempre mantinha distância da água. Até hoje, eu fico imaginando o que me fez voltar depois daquele episódio fatídico. Talvez eu estivesse querendo provar algo que nem mesmo eu sabia o que era.

Depois de cumprir o ritual de aquecimento, entrei na água fria para mais um dia de provação. Sobre a prancha, minha mãe permanecia comigo o tempo todo. Eu devia ter ligado logo que cheguei, meu orgulho era bem mais forte do que meu juízo.

Por alguma razão, eu não me sentia tão bem quanto deveria, mesmo assim aguardei a onda ideal. Tive um mau pressentimento, havia gente por todo lado, apesar do vento gelado que insistia em permanecer de plantão. Recuar era impossível.

Em menos de dez minutos, arrisquei a primeira onda, propícia para um tubo; a melhor manobra que um surfista pode desejar, na minha opinião. O tubo acontece quando uma sessão mais oca da onda é projetada para frente e você consegue se encaixar dentro do túnel formado pela água, passando pela sessão inteira sem se desequilibrar. Por alguns segundos, aquele era o melhor que já havia feito. Na medida em que o tubo começou a rodar, eu me sentia o primeiro do pódio.

JERÔNIMO MENDES

★ ★ ★ ★

Duas horas depois, acordei com uma forte luz no rosto, bem acomodado num dos leitos do Califórnia Pacific Medical Center, hospital de San Francisco, cercado por enfermeiras e meu amigo Johnny. Balbuciei algumas palavras e ele fez sinal para que permanecesse em silêncio. Queria me levantar, meu corpo não obedecia, parecia colado naquela cama fria. Definitivamente, aquele ambiente não era a minha praia.

— O que houve? — sussurrei, sem me dar conta do que havia acontecido.

— Você se desequilibrou e recebeu uma pancada forte na cabeça, perdeu os sentidos e bebeu muita água — Johnny respondeu em voz baixa. — Logo foi resgatado por um salva-vidas de *jet-ski*, teve sorte, poderia ter morrido.

— Não consigo mexer as mãos, Johnny, nem os pés — comentei.

— O médico vem falar contigo daqui a pouco.

— Que droga, me diz o que aconteceu.

— Está tudo bem, não se preocupe — disse Johnny sem sorrir.

Um facho de luz me obrigou a fechar os olhos.

Em torno de onze horas, um médico alto e franzino entrou na sala. Era impossível ler o nome no crachá, minha visão estava embaçada e, a julgar pela expressão desencantadora do sujeito, percebi que o negócio seria complicado.

— O que aconteceu, doutor? — perguntei em inglês.

— Você sofreu uma pequena lesão na terceira vértebra da coluna cervical — ele respondeu sem meias palavras.

— E o que isso quer dizer?

— Você perdeu alguns movimentos, vai precisar de muita fisioterapia para voltar ao normal.

JERÔNIMO MENDES

— Minha mãe sabe disso, Johnny?

— Fiquei com receio de ligar, depois de tudo o que você me contou.

— Preciso falar com ela, *brother*.

— Agora não — respondeu o médico —, assim que o efeito do sedativo passar, alguém pode ligar. Eu volto mais tarde para ver como você está, vai se recuperar, tenha paciência.

— Vou voltar a surfar, doutor?

— Nada de surfe. Primeiro, vamos tratar da recuperação.

Olhei para o Johnny e foi impossível conter as lágrimas. Pensei outra vez no meu pai e na mania que ele tinha de dizer que o surfe era uma grande perda de tempo, que não enchia a barriga de ninguém e coisas do tipo. Ele não respeitava minhas escolhas.

Minha cabeça virou do avesso, comecei a lembrar de tudo de ruim que já havia me acontecido e o que ainda poderia vir pela frente. O que diria à minha mãe e à minha avó? Minha mãe ainda queria que acreditasse em Deus.

Naquele momento, eu queria morrer, era o fim do meu sonho.

Capítulo 17

Três dias intermináveis naquele hospital, sem dar ou receber notícias da minha mãe, parecia um castigo e tanto. Eu tinha esperança de me recuperar e, no que dependesse de mim, faria o impossível para voltar. A única visita que recebia era a de Johnny e nem sabia mais o que pensar, uma decepção como essa faz a gente ir do paraíso ao inferno em questão de segundos.

No quarto dia, recebi alta do hospital. Por exigência da minha mãe, eu tinha um bom Seguro Saúde, o que facilitou um bocado as coisas. Ao ver o total da conta, senti saudades do doutor Resende, amigo da família, que tinha solução para tudo e nem sempre cobrava as consultas. Sua generosidade era ímpar. A partir daquele momento, pensei, o mais importante era começar as sessões de fisioterapia, caso quisesse nutrir alguma chance de voltar ao surfe.

Johnny me aguardava com outro amigo em comum, o Michael, para me ajudar na desafiadora tarefa de chegar até o carro. Perguntei sobre a devolução do apartamento e ele me disse que havia conseguido negociar a prorrogação do contrato por mais noventa dias em virtude do que aconteceu comigo, respirei mais aliviado.

Com ajuda de Johnny, Michael e a orientação das enfermeiras, levantei da cama disposto a retomar a vida. Havia decidido ligar para minha mãe logo que chegasse ao apartamento, pois, como dizia minha avó, família é o nosso maior patrimônio e a gente só dá valor quando perde.

Seria um aviso?

★★★★

A caminho de casa, meu instinto dizia que, com a fisioterapia, tudo seria resolvido em menos tempo do que o previsto. Minha visão sobre algumas coisas era sempre positiva, embora fosse inconsequente para outras. Com as pernas ainda dormentes, eu me sentia melhor do que nos dois primeiros dias no hospital.

— Alguma notícia da minha mãe? — perguntei ao Johnny.

— Ainda não — respondeu, esticando a mão com o meu celular para eu dar uma olhada.

Eu poderia ter morrido sem ao menos ter me despedido dela, o que seria uma lástima. Minha dose diária de remorso me fazia repensar algumas coisas. Quantos desencontros inúteis a gente provoca a fim de conquistar uma sensação de superioridade desnecessária.

Minha mãe deveria estar desapontada, não havia registro algum de ligação no celular. Johnny deve ter percebido, afinal, ele vivia algo parecido e, por esse motivo, nossa afinidade era maior do que com a dos outros colegas do surfe. As coisas não precisavam chegar a este ponto, pensei.

Do edifício onde morávamos, veio o primeiro desafio. O prédio de três andares não tinha elevador e era difícil acreditar que Johnny e Michael tivessem alguma habilidade para me carregar no colo até o apartamento localizado no último andar.

Levamos em torno de dez minutos para subir e, mesmo com apoio, a respiração era difícil a cada degrau. Minhas costelas pressionavam o pulmão, era como se estivesse enfrentando a ira de um rolo compressor.

Depois de três dias deitado naquela cama do hospital, meu corpo estava dolorido, então pedi que me deixassem no sofá da sala em vez de me levarem ao quarto, apesar de o médico ter recomendado repouso absoluto para suavizar a coluna. Da janela, a Golden Gate sorria para mim.

Agradeci aos dois e pedi licença para fazer uma ligação. Queria contar à minha mãe o que houve e, dentro do possível, pedir desculpas. Tive dificuldades para teclar, mas preferi fazer sozinho enquanto Johnny e Michael se dirigiam ao terraço. Por várias razões, eu me sentia o último dos inválidos.

— Mãe!

— Esqueceu que tem mãe?

— Eu amo você!

— O que foi agora, está faltando dinheiro?

— Sofri um pequeno acidente, mas tá tudo bem.

— Como assim, que acidente?

— Caí da prancha, tive uma pequena lesão na cervical.

— Deus do céu, e você não é capaz de avisar sua mãe? É assim que você me considera?

— Pega leve, mãe, foi só um susto.

— Pega leve o quê? Devia ter pedido ao Johnny para me ligar.

— Não queria incomodar, pouca gente sabia.

— Volte para o Brasil, filho, aqui podemos cuidar melhor de você.

— Por favor, mãe, você sabe o que isso significa pra mim.

— Jesus, difícil acreditar.

— Só queria que você soubesse que eu tô bem.

— Ainda tem coragem de dizer que está bem? Isso é coisa séria, vou pedir à Cecília que providencie um táxi aéreo para trazê-lo de volta. Como é que vai ficar aí desse jeito?

Tive a forte impressão de que ela estava chorando.

— Não perca tempo. Assim que o resultado definitivo dos exames sair, a gente conversa. Por enquanto, só quero me recuperar.

Durante quinze segundos, trocamos apenas o som da respiração ao telefone. Ela devia estar absorvendo a notícia, tentando achar um jeito de me sensibilizar.

— E os dez mil dólares que tua avó te deu?

Minha mãe só podia estar brincando.

— Dez mil dólares?

— Tua vó não tem jeito, agora você vai precisar deles.

— Não abri o envelope ainda, nem sabia que era dinheiro. Acabei de sair do hospital, mãe, vou descansar um pouco.

— Pelo amor de Deus, filho, me ouça: não faça comigo o que fez com seu pai. Você é tudo o que eu tenho, se cuida — disse e desligou.

Fiquei desnorteado, inerte naquele sofá, feito cachorro sem dono e sem destino. Meus músculos não reagiam, meu cérebro parecia ter se desconectado do mundo, só conseguia pensar na minha estupidez. Dez mil dólares era muita coisa naquele momento, o que custava minha avó ter me avisado?

★★★★

Algum tempo depois, Johnny reapareceu. Michael havia saído sem que pudesse dizer ao menos *obrigado*, fiquei chateado.

— Você vai precisar de alguém e rápido — sugeriu Johnny.

— Como assim? Sei me cuidar sozinho.

— Saberia se não estivesse doente, agora é diferente, Não posso ficar o tempo todo contigo nem tenho habilidade para isso.

— Posso ir me virando aos poucos, Johnny, é temporário.

— O médico foi enfático, você vai ter um longo caminho pela frente.

JERÔNIMO MENDES

★★★★

Na manhã seguinte, doutor Benjamin apareceu, o mesmo que cuidou de mim no hospital. Quanta honra, pensei, ser atendido em casa por um médico que mal me conhecia. Entretanto, ele me pareceu sério demais.

No instante em que se acomodou na cadeira em frente à minha cama, com o Johnny por testemunha, meu coração acelerou. Devagar, fui retirando as duas mãos de baixo da coberta, dei um suspiro e me preparei para o pior, apesar de me considerar otimista.

— Quais são minhas chances, doutor?

— Você está se movimentando bem. Agora, recuperar os movimentos por completo, somente o tempo vai dizer. Não posso precisar nada sobre isso, pelo menos por enquanto.

Senti uma dor tão forte quanto a do dia em que meu pai se foi e não consegui chegar a tempo naquele maldito cemitério. Se o Rei da Fruta era a vida do meu pai, o surfe era a minha vida.

Naquele instante, meu sonho estava se dissolvendo feito um castelo na areia da praia.

— Você disse que a fisioterapia ia dar um jeito nisso, doutor.

— O que eu disse é que você precisa de muita fisioterapia para voltar ao normal; quanto à recuperação, o tempo dirá.

— Quero começar amanhã. Vou fazer tudo o que mandar, prometo.

— Esse é o propósito da minha visita. Você deve iniciar a fisioterapia somente depois de sessenta dias. Primeiro, vamos tratar da lesão, depois, você terá um longo processo de recuperação pela frente.

— E quanto ao surfe, doutor?

— Esqueça isso. Depois de alguns meses, a gente volta a falar nisso.

— O surfe é minha vida — insisti.

— Sua vida é mais importante que o surfe — ele acrescentou de maneira enfática. — Mude o discurso, caso contrário, as coisas ficarão ainda mais difíceis. Quer um conselho? Volte para o Brasil, em breve estarei lá para participar de um congresso. Quem sabe a gente se vê?

Minha vontade era desafiá-lo. Primeiro meu pai, depois minha mãe, agora, aquele doutorzinho havia se dado ao trabalho de vir até mim para dizer algo que fugia por completo do que imaginava.

Isso é o que é nós vamos ver, pensei, o jogo apenas começava.

Capítulo 18

Jamais iria me entregar daquela maneira aos dezoito anos. Imagine, desistir de um sonho por conta de uma lesão mínima na coluna? Naquela idade, pensava, eu poderia me recuperar de qualquer coisa. Além do mais, seria muita decepção desistir da ideia justamente agora que havia conseguido mudar para a terra do surfe.

Dois meses seriam mais do que suficientes para iniciar a fisioterapia e retornar à prancha, pensei. Até lá, precisava encontrar algo para fazer já que não poderia mais atuar como instrutor de surfe para turistas, pelo menos por um tempo. Também não poderia demonstrar minhas habilidades no The Pub BBQ, um dos melhores bares estilo irlandês de San Francisco, onde fazia bicos como *barman* a fim de descolar alguns dólares.

Assim que o doutor Benjamin saiu, chamei o Johnny.

— O que acha disso, *my friend*?

— Não sou médico, mas a situação é complicada — respondeu sério. — Se fosse você, voltava ao Brasil para me tratar. Depois veria o que fazer da vida, lá tem bons recursos.

— Até você, Johnny? Acho que me conhece pouco, não sabe o sacrifício que fiz para chegar até aqui. Quer me fazer desistir de tudo?

— Quem falou em desistir? Avalie o que aconteceu. Seu pai acabou de falecer, *brother*, você escapou por pouco; o que mais quer que aconteça?

— Você não entendeu nada, Johnny.

— A única coisa que eu entendo, *my friend*, é que você está passando por um revés atrás do outro. Precisa repensar algumas coisas.

— Do que você está falando?

— Da sua saúde, da sua mãe, do seu futuro.

— Okay, não se fala mais nisso.

Johnny era um sujeito legal, de cabeça aberta, descompromissado. Veio de Memphis, Tennessee, terra de Elvis Presley, cantor preferido do meu pai — o que, de alguma maneira, criou boa afinidade entre nós. Apesar da coincidência, seu ídolo era Jack Johnson, surfista metido a cantor e cultuado pela galera do surfe. Ainda sou mais Elvis, cresci ouvindo a música dele quase todos os dias, *He's always on my mind*.

Durante dois meses, vivi praticamente à custa de Johnny. Ele sabia da minha herança e abastecia a geladeira quase todos os dias com sucos, iogurtes, frutas e verduras, e ainda pagava a *housekeeper* toda semana. Fui anotando tudo, escondido dele; preferia tratar aquilo como um empréstimo.

Johnny confiava que, em algum momento, eu poderia retribuir. A grana que havia guardado em San Francisco, antes de retornar ao Brasil para o velório do meu pai, foi suficiente para quitar o cartão de crédito.

Nesse período, evitei pedir um centavo à minha mãe. Falava com ela por telefone quase todos os dias e ela se manteve firme na promessa de não me mandar dinheiro. Deve ter acreditado que eu ainda vivia dos dólares que minha avó me deu e, por outro lado, meu orgulho não me deixava dizer a verdade. Eu fazia de tudo para demonstrar sinal de força.

A empresa estava indo mais ou menos, segundo minha mãe. Fiquei em dúvida, pois ela evitava abrir o jogo. Meu tio continuava na empresa, na mesma posição de sempre: gerente de suprimentos — agora sem o meu pai para ficar puxando o saco e sem poder fazer o mesmo com a minha mãe, uma vez que ela detestava esse tipo de comportamento.

Os dias pareciam intermináveis. Televisão, *internet*, jogos e mais jogos de computador não preenchiam o tempo que faltava para voltar ao surfe. De vez em quando, aquela visão indescritível da Golden Gate aliviava minha dor.

Em pouco tempo, aprendi a me virar com a comida e passei a surpreender o Johnny algumas vezes com receitas diferentes. Tornei-me perito em incrementar massas prontas e saladas e não ficava devendo para *chef* algum quando se tratava de sobremesa. Era o mínimo que podia fazer em sinal de gratidão àquele que me suportava como se fosse da família.

Depois de um tempo, voltei a abordar o Johnny.

— Quero voltar a surfar, você precisa me ajudar nisso.

— Loucura! Quer que eu seja preso por contrariar uma ordem médica?

— Se não fizer alguma coisa, quem ficará louco sou eu. Quero que você me leve para ver o mar.

— Ver o mar tudo bem, mas surfar, sem chance. Quem tem que autorizar é o doutor Benjamin. Ele vem aqui de dez em dez dias, por que não abre o jogo com ele?

— Você já sabe a resposta. Ele nunca vai concordar, diferente de você.

— Dá um tempo, *brother*, vou pensar a respeito.

Apesar do pouco tempo de convivência, confiava muito nele. Ninguém faria o que ele fez se não gostasse de mim.

★★★★

Por volta de meia-noite, o celular vibrou. Pensei estar sonhando e tive certa dificuldade para me deslocar até o balcão onde havia deixado o aparelho. Eu não recebia ligações com frequência àquela hora, considerando a diferença de fuso: seis horas a menos em relação ao Brasil. Decidi atender.

— Campeão, aqui é o Roberto, tudo certo contigo?

— Tudo, Roberto, o que você conta de bom?

— Não tenho boas notícias, campeão.

— A mãe tá bem?

— Ela teve uma discussão com seu tio agora de manhã.

— Filho da mãe! O que foi que esse infeliz aprontou?

— Sua mãe teve um aneurisma e foi internada às pressas.

— Miserável, ele me paga — disparei em voz alta.

— Segura a onda, campeão, o importante é cuidar de sua mãe agora.

— Onde ela tá?

— Na UTI, os médicos estão avaliando a situação. A questão é delicada.

— E a empresa, Roberto?

— Você não vai gostar, mas tenho que dizer, porque de um jeito ou de outro você vai ficar sabendo. Seu tio anda dizendo para todo mundo que vai assumir o negócio, já convocou até uma reunião de emergência.

— Nem brinque com isso, Roberto.

— Sério, campeão. O pior de tudo é que ninguém aqui tem coragem de enfrentá-lo, ele se acha o dono da empresa com uma pequena participação. Você é a única pessoa que tem esse poder.

— Deixe comigo. Vou ligar pra ele ainda hoje e colocá-lo no devido lugar, ele não perde por esperar.

— Espere um pouco — Roberto aconselhou. — Wladimir é dissimulado, vai fazer de conta que está tudo bem.

— Depois a gente conversa sobre isto.

— Tente pegar o primeiro avião antes que as coisas desandem por aqui.

— Tô sem grana, Roberto, tô vivendo aqui de favor.

— Como assim, de favor?

— É uma longa história, não diga nada pra minha avó.

JERÔNIMO MENDES

— Vou pedir à Cecília que compre uma passagem por aqui.

— Se fizer isso, juro que não volto. Deixe que eu me viro sozinho.

— Bobagem, campeão, pare de ser orgulhoso.

Lembrei o que minha mãe havia dito: *Seu futuro é aqui, ao meu lado, ao lado da sua avó, das coisas que seu pai deixou. Você é nosso único herdeiro, tem a obrigação de preservar o legado da família.*

As coisas nunca caminham como a gente quer. Droga!

Durante a noite, fiquei acordado pensando na melhor maneira de contemporizar a situação. Passei a remoer as discussões que tive com meu pai e, depois, com minha mãe. A maior parte delas eram inúteis e nos levavam do nada para lugar nenhum.

Nada daquilo me interessava, mas era necessário decidir entre o surfe e a possibilidade de ver o tio Wladimir se apossando das coisas que meu pai deixou. *Escolhas e consequências*, lembrava minha avó quando se arriscava a filosofar e balançar as pernas, na mesma cadeira em que meu pai sentava, na varanda da sala.

De uma maneira ou de outra, o que meu pai não conseguiu, minha mãe estava prestes a conseguir. A última coisa que imaginava era abrir mão do meu sonho, contudo, era impossível em minhas condições ter discernimento.

Capítulo 19

Custou a amanhecer. Olhei pela janela e testemunhei a Golden Gate semicoberta por uma densa neblina. Naquela hora, era possível enxergar apenas as duas colunas principais que sustentavam uma obra-prima da engenharia. Você nunca se cansa de ver aquela moldura. O relógio marcava seis da manhã, meio-dia em Curitiba.

Abri o *MacBook* para pesquisar o preço das passagens e horários de voos ao Brasil. Minha coluna incomodava e passei a noite tentando fazer o tempo acelerar por meio de revistas, livros e um pouco de televisão.

Pensei muito no que fazer: voltar em definitivo para o Brasil? Vender a empresa? Assumir o comando? Deixar o tio Wladimir tomar conta do negócio de uma vez por todas? Abandonar o surfe? Mandar tudo para o inferno?

Por volta de oito da manhã, Johnny entrou no apartamento com jeito de quem não dormiu bem; segurava duas sacolas de supermercado, uma em cada mão. Nem me arrisquei a questionar, ele era generoso comigo e isso compensava qualquer deslize.

— Bom dia, Johnny!

JERÔNIMO MENDES

— Bom dia, William, e daí?

— Tenho que voltar ao Brasil.

— De novo? — replicou Johnny.

— Mamãe teve um aneurisma.

— Sinto muito — ele devolveu levando as mãos à cabeça.

— Tantos sonhos, tantos planos, tantas ideias. A vida não é justa.

— Mas é boa, *my friend*, talvez seja essa a sua missão.

— Meu pai foi embora sem avisar e tenho que abandonar a minha missão para cumprir a dele?

— A realidade é o que ela é e não o que você gostaria que fosse — Johnny relembrou. — Se tudo caminhasse do jeito que a gente quer, não teria a menor graça. A dor é o que nos faz crescer, *my friend*.

— De onde você tirou isso?

— Não há nenhuma adversidade que não lhe sirva de vantagem. Tente encontrar um significado para tudo isso e as coisas vão melhorar, acredite. As coisas são como são.

— Você deve estar brincando — observei com sarcasmo.

— Você recebeu vários avisos — ele insistiu. — Está na hora de refazer o caminho, cuidar um pouco mais de si mesmo, a menos que não dê o mínimo valor ao dinheiro, empresa, patrimônio, coisas desse tipo.

— Coisas materiais, *my friend*.

— Meus pais são empresários, um dia vou assumir os negócios.

— Por que não assumiu ainda? — perguntei com interesse.

— Eles são apaixonados pela empresa, aquilo é a vida deles. No seu caso, seu pai não está mais aqui e sua mãe precisa de você. Quanto tempo você vai levar para voltar ao surfe enquanto as coisas desandam no Brasil?

— Não se trata apenas do surfe e sim do meu orgulho, do caminho que escolhi. Eu não pedi pro meu pai morrer nem pra minha mãe ter um aneurisma.

— Difícil deve ser ficar sem pai e mãe — finalizou Johnny.

Demorei para digerir a frase dele. Lembrei-me de minha mãe no meu ouvido: *como acha que vou dar conta de tudo isso sozinha? Você quer me ver no cemitério igualzinho ao seu pai?*

★★★★

De tarde, voltei a pesquisar o preço das passagens no *flying.com*. Fiz uma varredura nas opções por mais de meia hora e, diferente da última vez, encontrei uma passagem mais em conta, porém ainda cara pelo fato de desejar comprar apenas o trecho de ida. Era o único caminho.

Liguei para o Roberto e contei sobre a minha decisão, dei detalhes da minha chegada ao Brasil e falei da dor que me consumia ao deixar San Francisco. Ele tentou levantar o meu astral, disse que seria bom para mim e que, com a empresa em ordem, teria mais chance de voltar ao surfe, pelo menos para me divertir. Achei um pouco sarcástico da parte dele, mas relevei. Roberto sempre quis o meu bem e me tratava como se fosse seu próprio filho, ia precisar muito dele no Brasil.

À noite, entrei em contato com o Jota e expliquei a situação. Precisava dos seus serviços outra vez. Ele se mostrou surpreso, afinal, eram tantas idas e vindas.

Eu estava em falta com ele por conta da última corrida, quando saí do carro sem pagar o que devia. Porém, o Jota é uma dessas criaturas incríveis que surpreendem a gente gratuitamente, nem tocou no assunto.

★★★★

No dia seguinte, ele apareceu no horário combinado, porém, diferente da última vez em que o esperava, sobraram algumas unhas intactas. Johnny me ajudou a descer as coisas com jeito. Eu ainda me recuperava, sentia dores terríveis e, por vezes, me empolgava além da conta.

JERÔNIMO MENDES

Em frente ao edifício, uma sensação indescritível tomou conta de mim. Olhei para os dois lados da rua, levantei a cabeça em direção às nuvens, dei um abraço no Johnny e consegui balbuciar umas palavras.

— Vou quitar cada centavo contigo.

— Quem disse que você me deve alguma coisa? — ele replicou.

— É uma questão de honra.

— Vou ficar aqui torcendo por você, *brother*, dê notícias e lembre-se: quanto menor a resistência, maior o progresso. Se cuida.

Johnny me conduziu até o carro e largou o meu braço apenas quando me acomodei no banco de trás. Segurei as lágrimas enquanto pude, deixava ali um pedaço de mim e tudo o que havia imaginado.

— Até qualquer dia, *my friend*. A realidade é o que ela é, não o que você gostaria que fosse. Boa sorte!

A caminho do aeroporto, Jota ensaiou algumas palavras, porém deve ter percebido que o momento era difícil e respeitou a minha dor. O céu amanheceu limpo, o dia parecia estranho.

Um tremor súbito de terra desviou a atenção de Jota e tirou o veículo da trajetória, fazendo-o subir por cima da calçada. Por sorte, não atropelamos uma *baby-sitter* e seu carrinho de bebê.

Durante dez segundos, fiquei apreensivo, imaginei que o mundo fosse acabar. O pânico tomou conta das ruas, eu nunca havia experimentado algo parecido antes.

Tremores de terra eram comuns em San Francisco e aquele último foi além das previsões. Jota conseguiu dar a ré e afastar o veículo da calçada para estacioná-lo na lateral da rua, longe das construções.

Faltavam mais ou menos dois quilômetros até o aeroporto, ficamos em dúvida se devíamos ou não avançar. Não havia desabamentos, pelo menos naquela região. Vi muita gente na rua, com receio de que o tremor se repetisse. Só pensava em voltar para casa, era assustador.

Convenci o Jota a seguir em frente e pedi para ligar o rádio, mas ninguém dizia coisa com coisa. Havia poucas emissoras no ar, levamos mais de uma hora até a entrada do aeroporto.

JERÔNIMO MENDES

Uma confusão generalizada de pessoas, buzinas e veículos dificultava o avanço do carro. Dentro do aeroporto, a situação não devia ser das melhores, era impossível se aproximar da porta principal. Mais uma vez, me via em desespero tentando imaginar o desfecho.

— Acho melhor ir a pé, Jota, antes que eu perca o avião — sugeri.

— Desse jeito, você levará uma hora até chegar ao terminal.

— Prefiro arriscar.

— Já vi esse filme antes, e se o voo for cancelado?

— Eu vejo o que fazer. Se não for, estarei lá dentro — disse aquilo e fui abrindo a porta do carro para não me arrepender.

— Você não é fácil, William — respondeu chacoalhando a cabeça e, em seguida, desceu do carro.

— A mochila é suficiente, Jota. Quando você chegar lá, eu pego a mala grande, caso contrário, entregue ao Johnny quando voltar, por favor.

Antes de partir, retirei do bolso duzentos dólares que havia emprestado do Johnny e dei a ele. Era suficiente para pagar duas corridas e ainda sobrava troco. Cumprimentei-o e agradeci por tudo.

San Francisco inteira saiu às ruas, sirenes surgiam de todos os lados. Na medida em que avançava, era difícil manter a calma. Ninguém conseguia transitar normalmente; pior do que andar no calçadão da Rua XV em pleno horário de almoço, em Curitiba.

★★★★

Com muito custo, consegui alcançar a área do *check-in* e me plantei em frente ao painel de voos, disputado a empurrões e cotoveladas. Do início ao fim, a palavra mais odiada pelos passageiros: *delayed*. Na dúvida, fiz questão de permanecer no aeroporto ainda que levasse uma semana para ir embora.

Vinte minutos depois, recebi uma mensagem por *Whatsapp* do Jota pedindo para que me dirigisse até a porta principal, do outro lado da rua. Ele chegou praticamente junto comigo e eu ali, morto de cansaço.

Depois de várias tentativas, consegui contato com o Roberto. A notícia havia se espalhado pelo planeta em tempo real. Com medo de perder a ligação, fui direto ao ponto e expliquei a situação, não havia certeza se voaria.

— E minha mãe, Roberto?

— Do mesmo jeito, campeão, nas mãos de Deus.

Fiquei tranquilo até o Roberto se pronunciar outra vez.

— Seu tio Wladimir assumiu a empresa hoje cedo, comunicou a equipe e está despachando como se fosse seu pai.

— Com autorização de quem? — questionei.

— De ninguém, ora, ele assumiu e pronto.

— E o doutor Eros, não se pronunciou?

— A última coisa que ele quer é discutir com seu tio.

— Eu resolvo isso assim que chegar em Curitiba.

Desliguei o telefone com raiva. Se meu tio estivesse por ali, juro que seria capaz de avançar nele com unhas e dentes. Onde se viu sentar na cadeira do meu pai sem a minha permissão? Quem ele pensava que era?

Dentro do aeroporto, procurei tomar cuidado para não ser derrubado nem pisoteado com tanta gente circulando de um lado para o outro. Indiferente ao tumulto, uma voz se pronunciou no alto-falante, em inglês californiano:

"Senhoras e senhores, por favor mantenham a calma. O aeroporto será evacuado por tempo indeterminado para avaliação das instalações, queiram se dirigir para o lado de fora do prédio".

O mundo estava contra mim?

Capítulo 20

A dor na coluna me castigava a ponto de não me aguentar em pé. O trabalho da perícia já durava três horas, indiferente aos milhares de passageiros tão agoniados quanto eu. Pouca gente arredava pé do local. Pequenos aviões e helicópteros tomavam conta do céu de San Francisco. A confusão aérea fazia lembrar o meu pai.

Aviões de grande porte foram desviados para Los Angeles, San Diego, Santa Bárbara e outros aeroportos. As pistas de pouso e decolagem foram interditadas e, a olho nu, a estrutura do local se manteve intacta.

Nenhuma companhia aérea foi autorizada a subir ou descer, informaram pelo sistema de áudio. Confesso que fiquei desnorteado, sem saber se ligava para o Roberto ou se permanecia por ali, aguardando por um milagre.

Na minha mente, um objetivo claro: voltar ao Brasil e retomar o controle da empresa a fim de evitar que o tio Wladimir colocasse tudo a perder. Quanto mais eu pensava na minha mãe e na ousadia dele, mais coragem sentia.

No balcão de informações da *American Airlines*, dezenas de pessoas falavam ao mesmo tempo enquanto duas ou três atendentes se desdobravam para controlar o incontrolável.

A situação era pouco animadora, pelo menos em San Francisco. Fiquei sabendo de uma lista aberta para o transporte de interessados até o aeroporto de Los Angeles onde a companhia faria a redistribuição dos passageiros, dentro da disponibilidade de voos, e implorei pela inclusão do meu nome.

Por volta de meia-noite, dezenas de ônibus partiram em direção a Los Angeles. Valia qualquer sacrifício pela minha mãe, afinal, me sentia responsável pelo que aconteceu. O remorso é o pior dos castigos.

★★★★

Acordei com um raio de sol no rosto e uma ameaça de torcicolo. Às sete da manhã, o ônibus estacionou em frente ao terminal da companhia aérea em Los Angeles. Por recomendação médica, eu havia sido proibido de andar de ônibus, mas, àquela altura dos acontecimentos, pouca coisa me causava medo.

No salão principal, me dei conta de que precisava ir ao banheiro e aguentei firme até conseguir informações concretas sobre a situação dos voos com destino ao Brasil. A *American Airlines* montou um esquema especial para os casos de San Francisco e facilitou um bocado as coisas. Apesar disso, ninguém poderia se dar ao luxo de escolher o assento, com exceção de quem teve a felicidade de adquirir bilhetes da primeira classe.

Minha bexiga incomodava mais do que a coluna, entretanto, o desejo de voltar superava qualquer obstáculo. No meio daquele tumulto, minha ansiedade crescia. Meu voo havia sido reprogramado para as quatro da tarde. Pouco importava, vir a Los Angeles foi uma decisão acertada.

— Como está a situação dos voos para o Brasil? — perguntei a uma das atendentes que tentavam organizar a fila.

— Faremos o possível para embarcar todo mundo — ela respondeu em português americanizado, sem dar mais detalhes.

Achei melhor não forçar a barra, queria garantir o meu lugar.

Em seguida, corri ao banheiro mais próximo a fim de aliviar a tensão. Não consegui chegar sem molhar a calça, coisa que não me acontecia desde os cinco anos, quando a professora Leila gritou comigo na frente dos meus amigos. A sala inteira riu, com exceção de Luana, minha melhor amiga.

Aproveitei para lavar o rosto e escovar os dentes; molhei os cabelos, sequei com papel toalha e penteei do jeito que deu. Eu queria comer alguma coisa, meu estômago estava virando pelo avesso.

Minutos depois, na fila da lanchonete, o celular vibrou no bolso da calça.

— William, meu neto, por onde você anda?

— Em Los Angeles, vó. Daqui a pouco eu embarco, fique tranquila, vai dar tudo certo.

— A vó vai ficar aqui rezando por você, Deus te acompanhe!

Senti um nó na garganta, qualquer coisa da família mexia comigo. Meus olhos encheram de lágrimas, foi difícil levar a conversa até o fim. Depois, procurei um lugar digno de receber o meu traseiro castigado durante a viagem.

Antes do embarque, tentei contato com o Johnny. As linhas pareciam congestionadas, então arrisquei uma mensagem por *Whatsapp* desejando boa sorte mesmo sabendo que a cidade era preparada para esse tipo de situação.

No terremoto anterior, apenas duas pessoas haviam morrido e nenhuma construção desabou, bem diferente do que acontecia em outras cidades com a mesma tendência.

Finalmente, conseguiria ver minha mãe.

★★★★

Durante o voo, senti uma dor de cabeça terrível e a encostei no assento. Enquanto posicionava as mãos para massagear as têmporas, uma senhora ao lado percebeu o desconforto e apertou o botão de chamada do serviço de bordo.

Quando acordei, havia uma comissária sentada ao meu lado. Do outro lado, um senhor franzino, de cabelos grisalhos e óculos estilo *Harry Potter* me pareceu familiar.

— O que houve? — perguntei ainda desorientado.

— Você teve uma crise — esclareceu a comissária. — Recebeu uma injeção para aliviar a dor, depois dormiu.

— Você está bem? — escutei em inglês.

— Doutor Benjamin? — devolvi em inglês também.

— Estou indo ao Brasil para ministrar uma palestra num Congresso e encontro você aqui. Eu devo ser o único médico neste voo, o que foi que nós combinamos? Nada de viagem, nada de movimentação, mas quem é que pode com vocês, jovens?

— Minha mãe está na UTI.

— Meus sentimentos — ele disse e me lançou um olhar solidário. — Tudo se ajeita. Que bom que você está voltando para confortá-la, pois ela precisará muito de você. Como está se sentindo?

— Melhor, um pouco tonto.

— Deve ser o efeito da injeção — ele respondeu sorrindo.

— Odeio injeção desde a época em que me obrigaram a tomar uma dúzia em dois dias por causa de um risco de tétano.

— Então está acostumado, relaxe — doutor Benjamin finalizou.

Às cinco da manhã, o avião tocava o solo do Galeão. Não encontrei mais o doutor Benjamin e confesso que fiquei frustrado, sem poder me despedir e agradecer; achei estranho ter sumido daquela maneira. Minha mãe teria prazer em conhecê-lo: uma figura ímpar, muito competente no que fazia, lembrava o doutor Resende. Demorei a reconhecer suas qualidades por sentir raiva dele no início do tratamento.

★★★★

Em Curitiba, Roberto e minha avó esperavam na sala de desembarque. O relógio do aeroporto marcava dez horas em ponto. Fiquei feliz ao ver aquela senhora franzina em pé, no meio de tanta gente, com um sorriso angelical. Ela detestava aeroporto e, depois que meu pai morreu, jurou que jamais entraria em um avião.

— Graças ao bom Deus — disse vó Ana antes de me abraçar e apertar minhas bochechas com força. Ela adorava fazer isso na frente dos outros desde que eu era pequeno. Odiava aquilo, confesso, mas a última coisa que eu queria era ver minha avó triste.

— Como está minha mãe?

— Do mesmo jeito — afirmou Roberto. — Ela vai sair dessa, campeão, vamos confiar.

★★★★

Meia hora depois, chegamos ao hospital. Na antessala da UTI, enquanto o neurologista não aparecia, abordei a única enfermeira disponível.

— Quero saber da minha mãe, como ela está?

— O médico já vai falar com vocês.

— Pra dizer se minha mãe tá bem, precisa de um médico?

— Calma, filho — interveio minha avó. — Helena está bem.

— Pelo jeito não, vó.

— Não precipite as coisas.

Ninguém foi autorizado a entrar na UTI e tivemos que nos contentar com uma rápida olhada através do vidro. Era impossível manter a cabeça fria ao ver minha mãe daquele jeito.

Quando o médico surgiu no corredor, fui direto ao ponto.

— Quais são as chances da minha mãe, doutor?

— Sua mãe sofreu um aneurisma — explicou o médico sem meias palavras. — Por sorte, foi atendida rapidamente. Trinta por cento das pessoas com ruptura do aneurisma morrem por falta de atendimento médico a tempo; das que conseguem sobreviver, menos de trinta por cento leva uma vida normal. Isso quando tratadas de maneira adequada. No caso dela, temos que aguardar.

— Ela vai conseguir — desabafei. — Ela vai conseguir.

— Deus queira — replicou o médico. — Não costumo antecipar o resultado dos exames, mas acho difícil que volte ao trabalho. Ela não tem estrutura para suportar tanta pressão.

— Eu estava fora do Brasil, doutor, e nesse tempo aconteceu tudo isso. Ainda não decidi o que fazer.

— Sua mãe vai precisar de cuidados intensos a partir de agora — alertou com veemência. — Você é a única pessoa com quem ela pode contar, talvez ela não suporte uma nova crise.

— Ela vai poder contar comigo também — afirmou minha avó —, enquanto minhas pernas aguentarem.

— A senhora já não tem mais idade nem energia, dona Ana — enfatizou o médico. — O caso dela requer assistência vinte e quatro horas por dia.

— Entendi a mensagem, doutor, vamos cuidar disto — respondi antes que minha avó se manifestasse outra vez.

— Podem ir agora — sugeriu o médico. — Amanhã vocês voltam quando eu já estiver com o resultado dos exames, não há mais o que fazer por aqui.

— Por favor, doutor, preciso ver minha mãe por um instante.

— Amanhã a gente vê o que é possível fazer — encerrou.

— Droga, Roberto, há poucos dias a mãe disse que não poderia tocar a empresa sozinha e eu fiz pouco caso. Imaginei que estivesse querendo apenas preservar a memória do meu pai. Parece castigo.

— Dê tempo ao tempo. O tempo não cura, mas ameniza a dor da perda; o trabalho ajuda a cicatrizar a ferida; é a vida que segue em busca de respostas.

— Que perda, Roberto? Pelo amor de Deus!

Olhei pelo vidro como se fosse ver minha mãe pela última vez e pedi ao Roberto que me levasse direto ao escritório. Queria saber o que meu tio estava aprontando e fazer com que engolisse de imediato quem é que mandava na ausência do meu pai e da minha mãe.

— Tem certeza? — ele perguntou com o olhar atravessado, condenando minha atitude. — É melhor deixar sua avó em casa antes.

— Vamos agora, Roberto, quero apenas dar sinal de vida.

— Olha lá o que você vai aprontar.

— Sei o que tô fazendo.

— Nem quero imaginar o contrário.

★★★★

No *hall* de entrada do prédio da administração, tornei-me o centro das atenções. Por onde passava, olhares desconfiados me seguiam. Minha avó não quis subir e Roberto decidiu lhe fazer companhia.

Na antessala, encontrei a secretária do meu pai, Suzana; senhora fina e elegante, no alto dos seus cinquenta e poucos anos. Ela se levantou com cara de espanto e fiz sinal para que ficasse sentada, queria causar impacto.

— Você por aqui? Seu tio entrou em reunião com a equipe. É melhor anunciá-lo, sabe como ele é.

— Eu mesmo anuncio, Suzana — respondi e entrei na sala antes que ela tivesse a chance de encostar no telefone.

— Meu sobrinho preferido — tio Wladimir exclamou, levantando-se da cadeira com aquela cara de pau inconfundível.

— Pode ficar sentado, tio, passei apenas para cumprimentá-los. Temos muito o que conversar amanhã, aliás, quero todo mundo aqui às nove.

— Do que se trata?

— Amanhã, tio, amanhã.

Capítulo 21

Na manhã seguinte, preparei-me para o pior. Pensei muito durante a noite. Eu deveria tomar cuidado com as palavras, advertiu Roberto, meu tio colecionava adeptos embora o número de desafetos fosse maior. Prometi reunir a equipe às nove horas e queria impressionar, mas não estava acostumado a reuniões e coisas do tipo.

Roberto chegou no horário combinado. Convidei-o para sentar à mesa do café, ele agradeceu e preferiu aguardar no sofá da sala. De longe, deve ter ficado absorvendo a conversa para depois lançar o sermão durante o caminho, aquele bicho não dava ponto sem nó.

Minha avó também levantou mais cedo, queria me fazer companhia no café preparado por Mariana. Entre uma xícara e outra de café com leite, era impossível desvencilhar-me dos conselhos de minha avó.

— Veja bem o que vai fazer, meu neto. Wladimir é tinhoso e você ainda é inexperiente em negócios.

— Esquenta não, vó. Quero apenas reunir a turma e deixar claro quem é que manda enquanto a mãe se recupera — respondi com convicção enquanto mergulhava um pedaço de bolacha champanhe no café.

— William, meu caro, as coisas não funcionam assim. Olhe o que aconteceu com Helena. Seu tio tem mais experiência do que nós dois juntos.

— Vocês queriam que eu voltasse, não queriam? Simples, ele tem que saber qual é o lugar dele na empresa.

— Acho melhor ir com você — ela sugeriu.

— Posso me virar sozinho. Quero ver se o tio terá coragem de me enfrentar — respondi sério.

— Deus do céu, você é teu pai escrito.

— Talvez, vó.

Depois de refletir, concluí que ainda não sabia como enfrentá-lo e sentia um pouco de receio da reação dele. Mais dia, menos dia, o acerto de contas seria inevitável. Em parte, minha avó tinha razão, era difícil ignorar o fato de que ele fazia parte da família. Tio Wladimir lembrava o meu pai, autoritário, mesquinho, dono da razão, o que aumentava a distância entre nós.

Eu não tinha roupas adequadas para participar da reunião. Procurei por um par de sapatos e não encontrei, o último que havia usado foi na formatura do segundo grau. Depois disso, não me lembro de algo parecido que justificasse o uso. Pensei em calçar um dos sapatos do meu pai e achei melhor não fazê-lo, a mãe podia não gostar. Com muito custo, consegui combinar uma calça jeans, uma camisa polo e um tênis recém-comprado em San Francisco; fiz o melhor que pude. Evitei fazer a barba, queria dar a impressão de ser mais velho.

★★★★

Na entrada principal da empresa, deparei-me com um bloco de pessoas alvoroçadas. Roberto abaixou o vidro do carro e alguém se aproximou.

— Hoje ninguém entra nem sai daqui, são ordens.

— Ordens de quem? — Roberto inquiriu. — Estou com o dono da empresa, ele acabou de chegar dos Estados Unidos e temos uma reunião daqui a pouco.

— Eu cumpro ordens, seu Roberto. Seu Heitor morreu, dona Helena foi parar no hospital e seu Wladimir disse que não pode fazer nada. A turma está pedindo revisão salarial.

— Que significa isso, Roberto?

— Problemas, campeão. Sindicato, ameaça de greve, coisas desse tipo -respondeu em voz baixa.

— Aguarde um minuto — disse o manifestante.

— Que droga é essa? Não posso entrar na minha própria empresa?

— Calma, campeão, deixa que eu administro.

Em pouco mais de cinco minutos, apareceu um sujeito que atendia pelo nome de Sávio. Fiquei na minha, deixei que o Roberto conduzisse. Nunca vi nada parecido e procurava controlar minha ansiedade, pois sempre achei esse negócio de greve uma total perda de tempo.

— A gente sabe quem veio com o senhor — observou o manifestante. — O comando vai abrir uma exceção, quem sabe ele pode ajeitar nossa situação?

— E o que você acha que ele veio fazer aqui? — arriscou Roberto.

— Ninguém mais vai entrar ou sair enquanto a gente não tiver uma ideia clara de como ficará a questão do aumento — completou Sávio.

— Fique tranquilo — Roberto encerrou com voz mansa.

Em seguida, alguém fez sinal e a multidão abriu caminho.

— Nem sabia dessa porcaria de greve — comentei para o Roberto.

— Lá dentro a gente conversa — ele respondeu sorrindo.

★★★★

Na sala de reunião, encontrei todos a postos. Pedi ao Roberto que me acompanhasse mesmo que se sentisse relutante. Precisei apelar em nome da nossa amizade, pois seria a única pessoa em quem confiava naquela sala.

— Que confusão é aquela lá fora? — questionei.

— Nada — tio Wladimir respondeu. — Apenas um bando de desocupados querendo tumultuar a situação.

— Desocupados? Achei que fossem empregados.

— Sabe como são, estão sempre descontentes nem sabem o que querem — emendou meu tio.

— Alguém já foi perguntar ou vocês acham que, sentados aqui com a bunda pregada na cadeira, vão descobrir alguma coisa?

— Calma — rebateu meu tio em tom mais elevado. — A gente estava aqui aguardando, você disse que tinha um comunicado importante para fazer.

Tio Wladimir era esperto, imaginei que estivesse querendo fazer média com a equipe com um comportamento diferente do qual estava acostumado a utilizar no dia a dia.

— Quero saber o que tá havendo — demandei com voz firme, tentando me posicionar perante o grupo. — Meu pai mal esfriou no caixão e a turma inicia uma greve, alguém pode explicar?

— Acalme-se, William. Posso dar uma ideia — interveio Cecília.

Roberto balançou a cabeça em sinal de aprovação. Ele fazia uma boa leitura de cada líder do Rei da Fruta.

— Vá em frente — sugeri.

Cecília era uma morena alta, um metro e oitenta e pouco de altura, cabelos lisos, corpo bem esculpido por algumas horas de academia, dona de lábios carnudos e um sorriso capaz de derrubar alguém da prancha em menos de dois segundos. Por um momento, fui ofuscado por aquela beleza. Lembro-me de o meu pai ter mencionado algo a respeito, imaginei que fosse fantasia da cabeça dele. Minha atenção ficou tão evidente que, por um instante, devo ter traído minha própria seriedade perante os demais.

Em menos de cinco minutos, ela me deu uma descrição sucinta do que se passava na empresa. Sua voz firme e ao mesmo tempo suave me deixou sem jeito só de pensar na maneira como entrei na sala.

JERÔNIMO MENDES

— Seu pai tinha um bom relacionamento com o sindicato — tio Wladimir acrescentou. — Ele era muito próximo das pessoas e, por causa disso, levava todo mundo no bico com seu jeito amador de resolver as coisas.

— Amador, tio, com tudo o que ele construiu? Meu pai não está mais aqui, vamos direto ao ponto. Como é que se resolve o problema?

— Sei lá, nunca lidamos com isso — ele respondeu.

— Então fica na sua — devolvi de maneira impulsiva.

— Você me respeite, sou dono disso aqui também.

— Um e meio por cento não quer dizer nada — rebati.

Se pudesse, teria voado em cima de mim, imaginei.

— Sugiro que o doutor Eros tome a frente — manifestou-se Cecília a fim de retomar o foco da discussão. — Ele é o advogado da empresa, nunca tivemos uma greve antes.

— O que me diz, doutor Eros? — inquiri.

— Sem problemas, William, mas quero que o Roberto me acompanhe. Ele tem bom trânsito entre os colaboradores.

— Vamos retomar a reunião depois que os dois voltarem. Primeiro vamos descobrir o que os empregados querem, depois discutimos o que fazer.

— Gostaria de ir também, pois conheço quase todo mundo na empresa — tio Wladimir sugeriu.

— O senhor acabou de dizer que não sabe lidar com isso. Se meu pai estivesse aqui, essa droga de greve não teria acontecido e você, Júlio César, o que sabe de tudo isso?

— Não imaginei que fosse evoluir, William, estou tão surpreso quanto você — comentou desviando o olhar.

— Acho melhor acompanhar o Roberto e o doutor Eros, afinal, você é o RH da empresa.

Olhei em direção a Cecília. Por alguma razão, acreditava que a gente voltaria a interagir de maneira intensa. Seus olhos diziam muito mais do que a sua facilidade de expressar as palavras.

O que essa mulher tem? Por que meu pai falava tanto dela?

Capítulo 22

Depois de uma hora e meia, nem sinal do Roberto, do doutor Eros e do Júlio César. Esperei apreensivo, sozinho na sala, com uma sensação estranha de abandono. Eu ainda não me sentia preparado para comandar a empresa, porém o orgulho era minha principal arma contra a hipótese de ver o meu tio à frente do negócio.

Logo no primeiro dia, percebi certa relutância da equipe quanto a minha presença; talvez porque as coisas ainda estivessem indefinidas, talvez pela minha inexperiência. Algo me dizia que, com o tio Wladimir por perto, seria difícil extrair informações concretas sobre o que de fato acontecia. Era preciso afastá-lo e conquistar a confiança dos demais.

Sentar em definitivo na cadeira do meu pai parecia impensável naquele momento. Era difícil perdoá-lo, ainda mais pelo fato de ter deixado a empresa naquela situação. Quanta prepotência da parte dele, pensei, um sermão atrás do outro enquanto o negócio caminhava de mal a pior. Apesar de tudo, nada era capaz de ofuscar a sua história de sucesso e, quando se tratava da família, eu esquecia as rusgas do passado e tomava as dores.

Por volta de meio-dia, Cecília entrou na sala e meu coração acelerou. Era impossível tratá-la como uma profissional qualquer. Aos dezoito anos, os hormônios denunciam a gente. Pensei em dizer o quanto a achava bonita e, por alguma razão, recuei. Achei melhor não misturar as coisas, isso poderia fragilizar a minha autoridade.

A depressão tomava conta da sala, por isso dei graças quando ela entrou. Quanto maior o cargo, maior a solidão, pensei.

— Doutor William, podemos conversar? — ela perguntou com expressão mais séria do que a da minha mãe.

— Apenas William, doutor era meu pai.

— Perdão, eu era muito próxima do seu pai — arriscou Cecília sentada de frente para mim.

— Como é que o Rei da Fruta ficou desse jeito? Deve existir uma boa explicação — disparei sem medo.

— Vai precisar de algum tempo para entender. Seu pai era bom demais, mais amigo do que patrão, enérgico quando necessário e justo, acima de tudo. Nos últimos tempos, ele tomou várias decisões por impulso e acabou influenciado pelo seu tio, que adorava propor projetos sem pé nem cabeça.

— Por que tá me dizendo tudo isso? — perguntei olhando nos olhos dela enquanto tentava me livrar daquela hipnose involuntária. — Você controlava as finanças.

— Seu tio tem uma personalidade difícil, acertava direto com seu pai e atropelava quem ousasse cruzar o seu caminho. Ninguém consegue bater de frente com ele.

— Eu coloco ele na linha — respondi com autoridade.

— Você deve tomar cuidado com algumas pessoas — Cecília aconselhou.

— A zona de conforto é grande e boa parte dos líderes não tem competência técnica nem formação compatível para ocupar o cargo.

— Estranho, a empresa cresceu muito.

— Heitor adorava ser paparicado. Isso encobriu muita coisa, sei que você me entende.

— Mais ou menos. Eu poderia pensar o mesmo a seu respeito, afinal, mal nos conhecemos.

— É um direito seu, mas, com exceção do Roberto, quem teve coragem de dizer o que houve por aqui nos últimos tempos? Está todo mundo esperando para ver o que acontece e há quem torça pelo seu fracasso.

— Quem disse que o Roberto me contou algo?

— Sei que possuem uma boa relação desde quando você era pequeno, não é difícil imaginar.

— Roberto trabalha com a gente há muitos anos e tem a confiança da família. Não quero falar sobre isto, quero saber de outra coisa.

— Se eu puder ajudá-lo.

— Você conhecia bem a movimentação financeira do meu pai e sabe que a empresa caminha no vermelho há mais de dois anos, por isso, serei direto: ele mandava dinheiro pra fora do país ou havia alguém fora do casamento?

Cecília corou, percebi o desconforto.

— Como assim, William? O problema é gestão — respondeu com a voz embargada e a face corada. — Mesmo que houvesse algo parecido, ninguém se atrevia a questionar a vida dele fora da empresa.

— Se tiver algo a dizer, diga. Queira ou não, acabarei descobrindo. E, com o inventário, as coisas vão aparecer — respondi a fim de persuadi-la.

— Heitor era o melhor patrão que alguém poderia desejar, William. Bom até demais, deu no que deu. Nos últimos tempos, ele se descuidou do negócio e deixou por conta do Wladimir. A realidade é uma só: se a empresa não passar por um choque de gestão, vai quebrar, é questão de tempo.

— Tenho dúvidas se minha mãe vai voltar. Preciso colocar ordem na casa, embora isso signifique enterrar de vez o meu sonho.

— Seu pai tinha esperança de que você assumisse o negócio — explicou Cecília. — Sonhava com isso. Goste ou não, você é o único herdeiro, agora tem a missão de preservar o legado da família. Portanto, William, ou você assume ou vende a empresa, é uma questão de escolha.

— Não tenho obrigação alguma e, por mim, voltaria hoje mesmo pra San Francisco, mas não posso deixar minha mãe na mão. Vou assumir esse negócio de uma vez por todas antes que seja tarde. Meu pai tinha que aprontar uma dessas, nunca vou perdoá-lo por isso.

— Seu pai podia ter todos os defeitos do mundo — Cecília rebateu —, mas era respeitado e sempre conduziu a empresa pensando na família. Existe muita resistência, ninguém quer mudar nada, principalmente o seu tio, e quando o exemplo não vem de cima, fica bem mais difícil.

— Meu pai foi irresponsável, a empresa tava em dificuldades e o que ele fez? Foi aprender a pilotar, faça-me o favor.

— Não dá mais para mudar isso, William. Pare de criticar o seu pai e pense sobre como consertar tudo isso. Tem muita gente aqui que pode ajudá-lo, a empresa tem nome, sempre foi uma referência no mercado.

O telefone tocou, era Suzana informando sobre o retorno do pessoal incumbido de se reunir com os manifestantes. Pedi que convocasse os gerentes, inclusive meu tio, para retomar o assunto.

— A gente continua essa conversa depois, Cecília.

— Quero apenas manter o meu emprego, William, preciso dele.

★★★★

Reunidos na sala, meu tio ficou do lado oposto, de frente para mim, enquanto os demais se acomodaram em cadeiras confortáveis, resquícios da mania de grandeza do meu pai. Roberto evitou fazer parte da mesa e acomodou-se numa cadeira avulsa encostada à parede.

— Qual é o problema, Roberto? — questionei.

— Estou bem aqui — ele respondeu.

— Você participou da conversa lá fora e participará aqui dentro, faço questão. É mais fácil confiar em você do que em todos aqui, afinal, conheço você desde que me carregava no colo.

Era desnecessário ter dito aquilo, reconheço, foi imaturidade de minha parte. Roberto levantou, visivelmente constrangido, e sentou na primeira cadeira que avistou, sob os olhares desconcertantes de alguns.

Por mais de meia hora, fiquei ouvindo a explanação do doutor Eros e do Júlio César sem entender metade do que falavam. Roberto limitava-se a balançar a cabeça. A partir daquele momento, eu estava convencido a mergulhar de corpo e alma no negócio, caso contrário, me tornaria refém das pessoas e não existe nada pior do que ser refém dos pensamentos alheios.

— Ninguém aqui me disse se a empresa tem condições de atender as reivindicações.

— Em parte, sim — respondeu Júlio César.

— Seja mais claro — sugeri.

— Na atual situação, não — interveio Cecília. — As vendas caíram muito, estamos sem dinheiro em caixa, pagando juros e mais juros em bancos, qualquer concessão tende a agravar o problema.

— Como é que meu pai conduziu a empresa durante tantos anos sem nunca ter passado por uma greve? — perguntei ao doutor Eros.

— Seu pai abusou da sorte — tio Wladimir respondeu —, sempre disse a ele que um dia a bomba ia estourar.

— Não pedi sua opinião, tio. Aliás, você é responsável por essa situação.

— Eu dei o meu sangue por esse negócio — retrucou em voz alta.

— Estamos perdendo o foco da reunião — interferiu Roberto. — Heitor tinha o sindicato na mão, agora a realidade é outra. Esse pessoal joga de acordo com os próprios interesses. Sugiro convidarmos o Nelson, atual presidente do sindicato, para ver o que pode ser feito.

— O que quer dizer, Roberto? Vou ter que subornar o presidente para acalmar os empregados? Isso vai contra os meus princípios, o Rei da Fruta não precisa disso.

— Não se trata de princípios, campeão — alertou com conhecimento de causa —, e sim da continuidade do negócio. Lamento dizer, é assim que as coisas funcionam.

— O que acha, doutor Eros? — perguntei.

— Concordo com o Roberto, mas isso não vai nos livrar de conceder o básico, ou seja, a inflação e alguma coisa a mais para agradar, é a lei.

— Se fizermos isso, eles voltam ao trabalho? — perguntei disposto a rever as bases da negociação.

— Eles não pretendem fazer nada enquanto a empresa não apresentar uma proposta concreta — informou Júlio César. — Nos últimos dez anos, seu pai sempre negociou a inflação, nada mais. Nem os líderes receberam algo além da inflação, há muita gente descontente.

Pedi licença aos demais e ordenei que permanecessem na sala apenas o doutor Eros, o Roberto, o Júlio César e a Cecília. A julgar pelo seu olhar, tio Wladimir queria me engolir vivo, mas retirou-se sem dizer mais nada.

— Há quanto tempo você trabalha no Rei da Fruta, Júlio César?

— Faz doze anos em janeiro.

— Durante todo esse tempo, você nunca teve coragem de procurar algo melhor? Do que você reclama tanto?

— Não reclamo mais — ele respondeu e levantou-se.

— Não terminei ainda — disparei.

— Nem precisa.

Confesso que ainda tinha dificuldades em lidar com situações deste tipo e percebi que, se não aprendesse a lidar com gente, seria bem mais difícil. Era bem mais tranquilo se equilibrar numa prancha de surfe.

Capítulo 23

Perder a confiança de Júlio César seria um desastre, reconheço, pisei na bola. Eu era diferente do meu pai e, sem me dar conta, magoava as pessoas por pouca coisa. Na minha cabeça, ter um emprego era mais do que suficiente para alguém querer ficar na empresa. O ser humano é insaciável, pensava.

— O que foi que eu disse de errado, Roberto?

— É mais fácil perguntar o que você disse de certo, campeão. Tem que tomar cuidado com as palavras, as pessoas são sensíveis. Júlio César é uma pessoa de confiança, conhece todo mundo na empresa

— Não quis ser grosseiro, Roberto. Ele também não precisava dizer que os líderes estão descontentes, ninguém é obrigado a ficar. E tem mais, não posso ser ridicularizado na frente dos outros, preciso impor minha autoridade mesmo que entenda pouco de negócios.

— Temos muito o que conversar, campeão — sugeriu Roberto olhando nos meus olhos. — Segura um pouco a tua onda, senão será difícil conquistar o respeito do grupo. O mundo da gestão mudou.

— Okay, Roberto, já entendi.

Doutor Eros e Cecília permaneceram calados enquanto eu ainda tentava me refazer daquele desconforto diante deles.

Roberto tinha razão, meu problema era o tio Wladimir. Havia muita gente ruim e pouca gente boa no meio, era preciso fazer o reconhecimento do terreno, como dizia meu pai.

— Cecília, por favor, tente trazer o Júlio César de volta — ordenei com jeito. — Complicado, meu Deus!

★★★★

Em torno de uma e meia da tarde, Cecília e Júlio César estavam de volta, não deve ter sido fácil convencê-lo. Ensaiei um pedido de desculpas e recuei. Os empregados continuavam de braços cruzados. Naquele momento, lembrei-me da minha mãe no hospital, dei uma pausa e pedi a Suzana que ligasse para minha avó. O que eu vim fazer aqui? — perguntei em pensamento.

— Por favor, sente-se, Júlio César. Tenho algumas coisas importantes pra comunicar e quero fazê-lo na sua presença. Meu pai confiava em você, creio que posso confiar também.

— Já tomei minha decisão, William — despejou logo que sentou. — Eu vou embora, estou pedindo a minha demissão.

— Estou saindo também — emendou Cecília. — Não é pelo dinheiro, só acho que não tenho estrutura para suportar o que vem pela frente, apesar de precisar muito do emprego.

— O que é isso agora, um complô? Acabei de chegar e vocês já estão me apunhalando? Duas pessoas de confiança do meu pai vão abandonar o barco agora que a empresa mais precisa delas?

— Trabalho mais por consideração ao seu pai e à sua mãe do que por salário, caso contrário, já teria ido embora — replicou Júlio César.

— Seu pai era a pessoa mais generosa que conheci — emendou Cecília. — Aquele caixão levou um pedaço de mim.

Não entendi a colocação, mas fiz de conta que sim. Quanto mais elogios o meu pai recebia, mais difícil me controlar.

— Não quero falar sobre isso agora nem sei o que cada um recebe. Acho melhor tratar deste assunto em outro momento — respondi com ar de arrependido.

— Temos um problemão lá fora — lembrou Roberto. — Por favor, gente, vamos dar um voto de confiança ao William.

— De acordo, Roberto, é melhor se concentrar na manifestação — sugeriu Cecília. — Caso contrário, isso acabará em greve e as coisas podem piorar.

A beleza e a postura de Cecília se confundiam em meio a um bando de homens impressionados com sua presença. Fiquei apreensivo quanto à decisão de Cecília e Júlio César, será que teriam coragem? Era melhor evitar o risco, pelo menos naquele momento.

— Para mim, é difícil lidar com tudo isso — confessei em clima mais ameno. — Preciso da cooperação de todos enquanto minha mãe estiver ausente. Imagino também como é difícil para vocês aceitarem alguém novo como eu, mas o meu tio está fora de cogitação.

— Wladimir não é mau — Júlio César observou. — Apenas um profissional limitado que parou no tempo.

— Não importa — respondi confiante. — O fato é que ele não vai seguir fazendo o que sempre fez. Agora, eu respondo pelo meu pai e minha mãe, está decidido; ele que fique na dele e tudo vai acabar bem.

— Wladimir tem a área de compras na mão — doutor Eros alertou —, possui grande poder de influência junto aos fornecedores, melhor não ignorá-lo.

— Basta tirar a área de compras da mão dele e pronto — sugeri.

— Esqueça seu tio por enquanto — aconselhou Roberto. — Concentre-se na questão dos empregados, uma coisa de cada vez.

— Okay, Roberto — respondi a contragosto. — Qual é o problema, então? O que é que tá pegando?

— O maior problema é o sindicato, mas creio que a turma ficaria contente com a inflação e um reforço no vale-refeição. A lista de reivindicações é extensa, coisa de sindicato; se atender, a empresa quebra.

— O que vocês sugerem? Doutor Eros? Cecília?

Doutor Eros permanecia em silêncio, isso me incomodava. Ele estava na empresa desde o início e tinha uma vida boa trabalhando somente para o Rei da Fruta. Como conselheiro jurídico do meu pai, sabia de muita coisa, mas ainda não era o momento de colocá-lo contra a parede.

— Devemos seguir a lei — respondeu como todo advogado que se preze. — Entretanto, acho melhor reunir o sindicato e negociar uma trégua, pois o momento é complicado.

Finalmente, ele abriu a boca com algo que valesse a escuta. Cecília concordou, Roberto também, e me senti um pouco mais seguro para dizer o que queria antes de chamar os demais líderes.

— De fato — Roberto acrescentou —, diga que precisamos de um tempo para colocar a casa em ordem por conta do que aconteceu com seu pais.

— Essa turma é insensível, esqueceram o que houve? — perguntei sem conseguir esconder a minha revolta.

— É assim mesmo, William — emendou Cecília. — As pessoas estão mais preocupadas com elas do que com os outros.

— Antes de chamar os demais, quero comunicar a vocês que pretendo assumir a direção da empresa, pelo menos até saber como ficará a situação da minha mãe. Estou disposto a aprender e conto com as pessoas de quem ouvia falar bem por meio do meu pai. Sei das dificuldades da empresa, sei das minhas limitações, sei também que a maioria gosta de trabalhar aqui, portanto, vamos nos ajudar. É assim que vejo as coisas.

Amenizei o discurso a fim de sensibilizar os quatro, assim teria mais ânimo para enfrentar tio Wladimir e fazer valer minha vontade.

— Não tenho muito o que fazer aqui, campeão — rebateu Roberto.

— Você será o olho da diretoria na empresa — devolvi por impulso.

Alguns se entreolharam espantados, afinal, Roberto era o motorista do meu pai há muitos anos, nada mais. O que ele poderia aconselhar em termos de negócios? Estava dito e pronto, paga-se um preço por isso; vi a insatisfação pulsar nos olhos de cada um.

— Prefiro continuar como motorista — respondeu, desconcertado.

— Vou pedir para a Suzana chamar os demais.

— Meio-dia e meia, William — Júlio César alertou, um pouco mais à vontade. — Melhor fazer depois do intervalo, a maioria almoça em casa.

— Chame quem estiver na empresa, já perdemos muito tempo — contra-ataquei.

★★★★

Em pouco tempo, todos estavam na sala: Roberto, doutor Eros, Cecília, Júlio César, além de Santiago, gerente de operações, e Leonardo, gerente administrativo. Meu tio, como esperado, ainda não havia retornado. Fiz questão de iniciar a reunião assim mesmo, era hora de testar a receptividade dos demais e de buscar forças para me expressar perante o grupo. Fiquei imaginando se o meu pai teria orgulho de mim; talvez sim, talvez não. O importante era assumir o negócio com energia e responsabilidade.

— É melhor aguardar o Wladimir — alguém sugeriu.

— Se estivesse interessado, teria ficado por aqui — respondi.

Roberto balançou a cabeça outra vez, em sinal de reprovação.

Menos, William — pensei.

Empolgado com o discurso, uma dúvida ainda me consumia: o que a turma pensava de tudo isso? Eles me respeitavam ou faziam de conta?

Conquistar um cargo de liderança é fácil, dizia meu falecido pai, *difícil é conquistar o respeito do grupo.*

Capítulo 24

Diante da equipe, um milhão de coisas passavam pela minha mente; a garganta parecia mais seca do que folhas caídas num outono sombrio. Seria mais fácil enfrentar uma onda de dez metros do que os olhares desconcertantes naquela bendita sala. Naquele instante, daria tudo para estar em San Francisco sobre a prancha, pois todo mundo sabe como começa uma reunião, nunca como termina. Além de tudo, eu estava morrendo de fome.

Com tudo o que acontecia, era necessário traçar um plano de ação com urgência; algo que nos ajudasse a ganhar tempo, caso contrário, a greve seria inevitável. Na parede da sala, um quadro emoldurado com a foto dos meus pais me encheu de coragem para reiniciar a conversa, ainda com a voz embargada.

— Quem deveria estar aqui era o meu pai. Por mim, estaria fazendo o que gosto. Não vim aqui pra demitir nem competir com ninguém, mas há um problema a ser resolvido e eu preciso de vocês. De minha parte, vou fazer o impossível pra preservar o negócio da família. Sei das minhas limitações, sei dos problemas da empresa, sei também que vocês prefeririam ver aqui alguém que não fosse o filho do dono.

— Não é bem assim, William — Roberto tentou remendar, fiz sinal com a mão para que aguardasse.

— Havia muitas diferenças entre eu e meu pai, porém, isso não invalida a admiração que sinto por ele; ele ainda é uma referência. Contudo, não quero que me olhem como um surfista irresponsável nem como o filho do dono.

— De onde você tirou essa bobagem, campeão? — Roberto interferiu.

— Sou o que sou, tenho consciência dos meus atos, não fui preparado e, apesar de tudo, quero dar o melhor de mim.

Quando terminei a primeira parte, tio Wladimir entrou na sala sem dizer nada e se acomodou na ponta da mesa, engasguei mais ainda. Eu tinha um problema sério de crítica e autocrítica, odiava ser rotulado por um simples olhar atravessado. Não me lembro de onde surgiu a implicância com ele, ainda sentia dificuldades de conviver com isso. Antes de prosseguir, fixei, mais uma vez, o olhar no retrato dos meus pais e respirei fundo.

— Por enquanto, fica tudo como está; cada um na sua posição até eu conhecê-los melhor. Quanto ao sindicato, creio que vale a pena pensar numa proposta mais arrojada, ainda que isso custe mais dinheiro. Quero saber o que cada um pensa a respeito.

Tio Wladimir permaneceu quieto no fundo da sala, cofiando a barba e exalando aquele olhar cético. É horrível quando você desconfia da pessoa e o convívio é inevitável, nunca havia passado por isso.

Depois que cada um se pronunciou, pedi licença, convidei o Roberto e saí da sala por alguns minutos. Ele era como um mentor, apesar de se julgar um simples motorista. Sua experiência valia muito, ele sabia como meu pai pensava.

— O que achou de tudo isso?

— Muito bom, campeão, mas mantenha a calma. Seja simples, envolva o grupo e evite o confronto com seu tio na frente dos líderes, vai dar tudo certo.

— O que eu posso fazer com meu tio, Roberto?

— Dê tempo ao tempo — aconselhou Roberto. — Ele precisa do emprego tanto quanto os demais, não vai fazer bobagem.

— Algo me diz que ele tá aprontando.

— Pare de sofrer por antecedência.

— É difícil — respondi socando o punho da mão direita na parede.

— É necessário — devolveu Roberto.

Perguntei à Suzana se havia notícias de minha mãe, ela disse que não. Em seguida, liguei para minha avó que me pareceu deprimida ao telefone.

— Alguma notícia do hospital, vó?

— Nada ainda. Ficamos de voltar lá depois do almoço, lembra?

— Daqui a pouco eu me livro disso aqui — respondi.

★★★★

De volta para a sala de reunião, tio Wladimir permanecia entretido com as mensagens no celular. Devia estar tramando alguma coisa, pensei, e veio apenas fazer número. A reunião demorou mais do que o previsto e, com muito custo, conseguimos fechar uma proposta para apresentar aos manifestantes. Greve era a última coisa que a empresa precisava naquele momento; todos concordaram, exceto meu tio.

— Qual é a sua ideia, então, tio?

— Não devemos conceder nada além da inflação.

— Droga! Por que não se manifestou antes?

— Se quiser, vou lá e resolvo este negócio — sugeriu diante dos olhares perplexos dos demais.

Por pouco não o mandei para o quinto dos infernos, mas levei em conta as palavras do Roberto e pensei em minha mãe.

— Nada disso, o que foi discutido vale pra todos — ratifiquei.

— Depois não diga que não avisei — emendou, apontando o indicador na minha direção.

Ignorei o conselho, pois me sentia fortalecido pelo consenso do grupo e, se alguma coisa desse errado, a decisão teria sido conjunta. Roberto também se manifestou a favor. Depois de tantos anos de convivência com o meu pai, sua opinião parecia embasada na experiência, o que contava muito.

Antes de encerrar, decidimos que as mesmas pessoas que estiveram de manhã com os manifestantes deveriam se reunir com o Nelson, presidente do sindicato. Para alinhar o encontro, seria necessário fazer contato direto com ele em local reservado, longe dos demais, cuja missão ficou por conta do Roberto.

Fiquei feliz com a primeira decisão tomada e, ao mesmo tempo, apreensivo com o comportamento do tio Wladimir. Aliviado, segui direto para casa a fim de buscar minha avó. Sabe quando você se encontra num mato sem cachorro nem bússola numa noite escura? Era assim que me sentia no meio de tantos problemas.

★★★★

Uma hora mais tarde, no hospital, minha mãe continuava incomunicável. Dois metros e um vidro translúcido separavam nossas dores. Naquele instante, suas palavras me torturavam mais do que antes: *como acha que vou dar conta de tudo isso sozinha? Você quer me ver no cemitério igualzinho ao seu pai?*

Doutor Jaques, o médico responsável, apareceu no corredor.

— Como foi o resultado dos exames, doutor?

— Inconclusivos — respondeu seco.

— O que isso quer dizer?

— É provável que haja sequelas, mas ainda não é possível antecipar a reação. Vamos aguardar até que sua mãe recobre a consciência.

— O senhor tá escondendo algo, doutor — repliquei. — Seja direto, o futuro do Rei da Fruta depende disso.

— Sua mãe é forte, vai sobreviver; com dificuldades, mas vai. Como disse, é necessário aguardar um pouco mais e ver como ela reage. Alguns pacientes perdem determinados movimentos básicos das mãos, dos braços e das pernas, outros da fala; no caso dela, é prematuro prever.

— A vida não é justa, doutor, tanta gente ruim na face da Terra e minha mãe aqui, desse jeito. Nunca fez mal pra ninguém — desabafei. — Quanto bandido na face da Terra e minha mãe leva a culpa.

— Cada um tem sua própria história — rebateu o médico.

— Esse tipo de história não precisa ser contada. E agora, doutor, de que valeu tanto trabalho, tanta dedicação ao meu pai, tanto patrimônio acumulado, se minha mãe não pode desfrutar de tudo isto?

— Não é só isso que conta, William — interferiu minha avó. — Veja quanta gente seu pai empregou, quantas famílias ele ajudou, quantas pessoas ele tirou da miséria. O que vale é o sentido de contribuição, filho, o sentido de realização. O dinheiro é uma consequência.

Vó Ana tinha razão. Uma das coisas pelas quais meu pai se vangloriava era o fato de gerar empregos. Para cada empregado que contratava, a frase era padrão: *Mais uma família feliz. Empresa que não gera emprego não serve para nada* — dizia o tempo todo.

★★★★

Minutos depois, o celular vibrou.

— Campeão, o presidente está irredutível. Alega que a pressão é grande e não pode fazer nada.

— E agora, Roberto? — perguntei indignado.

— Amanhã a gente decide, vai pensando em algo.

— Amanhã será tarde, já perdemos um dia de faturamento.

— Melhor evitar o confronto, precisamos ser tão frios quanto eles.

— Sei que ainda não tenho experiência alguma com esse tipo de conflito, mas pensei em reunir o presidente e mais alguns líderes do sindicato na minha sala amanhã cedo. O que acha?

— Ai, ai, ai... Qual é a ideia, campeão?

— Sim ou não? — insisti.

— Te digo mais tarde, vou ver se consigo falar com ele outra vez. Veja lá o que vai fazer.

Não demorou muito, Roberto entrou em contato novamente. Nelson, o presidente, concordou em vir até a empresa com uma condição: sair da reunião com uma proposta concreta para os empregados. Por que eu deveria me sujeitar a esse tipo de pressão?

Era necessário agir rápido, com ou sem o apoio dos gerentes. Meu tio devia estar rindo à toa enquanto minha cabeça fervia em busca de alternativas. No dia seguinte o mundo seria outro, imaginava, as pessoas teriam refletido sobre as consequências. Apesar da pressão, procurei manter uma perspectiva positiva.

Nunca desejei tanto que meu pai estivesse vivo como desejava naquele momento, balançando a cadeira de um lado para o outro, com os pés suspensos, como sempre fazia quando se dispunha a me passar um sermão.

O que ele fez de tão ruim? Não seria melhor demitir uma boa parte dos empregados e forçar a venda da empresa para alguém em melhores condições de administrar a situação?

Maldito sindicato!

Capítulo 25

A notícia da paralisação em Curitiba espalhou-se pelas filiais mais rápido do que eu imaginava. Era necessário considerar essa possibilidade, pois a unidade de São Paulo representava o maior faturamento da empresa, quarenta por cento do volume dos negócios; a do Rio de Janeiro não me preocupava nem a de Florianópolis, pois, somadas, não passavam de dez por cento. A unidade de Porto Alegre era um problema sério, diziam. Havia relutância na subordinação à matriz e, mesmo conhecendo as particularidades da cultura gaúcha, meu pai colocou no comando um executivo paulista, Lucas.

Será que todo mundo havia resolvido botar as manguinhas de fora e conspirar no momento em que eu me sentia mais frágil? Todo sofrimento é único, paga-se um preço alto por assumir a liderança de algo que você não tem domínio nem experiência; é aprendizado puro. Minha esperança era convencer o sindicato de Curitiba e, a partir daí, acalmar as demais unidades. O Rei da Fruta era muito mais forte do que a conspiração que tomou conta dos bastidores.

JERÔNIMO MENDES

Durante aquela madrugada, liguei para o Roberto três vezes a fim dividir algumas preocupações e validar minhas ideias. Para equilibrar as finanças e amenizar o problema, além de recuperar a confiança dos empregados, eu estava propenso a me aproximar do sindicato, mesmo contra a vontade.

— Pare de se preocupar — Roberto aconselhou —, descanse um pouco.

— Meu tio deve estar por trás disso. Não posso acreditar que seja culpa do meu pai ou da minha mãe.

— Nada a ver uma coisa com a outra, pare de sofrer por antecedência. De manhã cedo a gente resolve isso.

— Vou tentar, Roberto, amanhã a gente se fala.

— Amanhã não, daqui a pouco — finalizou.

A lembrança das minhas últimas palavras com o meu pai surgiu mais forte: *Quem sabe um dia, quando o senhor morrer!* Disse isso sem pensar e, sozinho no quarto, a cobrança era implacável. Em seguida, escutei a voz da minha mãe: *como acha que vou dar conta de tudo sozinha? Você quer me ver no cemitério, igualzinho ao seu pai?* Ela ainda me achava insensível, mas é o preço que se paga pela inconsequência de não medir as palavras.

Existiam outras preocupações, nosso negócio era dinâmico e dependia muito da compra e venda de produtos perecíveis. Com a paralisação, o prejuízo seria maior do que a empresa poderia suportar, pois havia muita coisa em estoque. Por outro lado, os fornecedores ficariam impedidos de entrar e sair, o que levaria a uma suspensão temporária e talvez definitiva do fornecimento.

Às quatro da manhã, vencido pelo cansaço, procurei relaxar antes de cair na cama com vontade de nunca mais levantar.

★★★★

Eu devia estar sonhando quando minha avó entrou no quarto.

— Acorda, William, tá todo mundo atrás de você.

— Acabei de dormir, que horas são?

— Mais de nove horas. Esqueceu da reunião?

— Que droga, vó, me deixe dormir.

— Pare de resmungar e levante. Assuma suas responsabilidades.

Demorei a aquecer. Senti uma dor aguda na coluna, a ponto de ficar fora do prumo por alguns minutos, e obriguei-me a reduzir os movimentos do corpo a fim de amenizar o problema. Meu corpo atlético relutava em aceitar a condição de invalidez. Minha avó tentou me dar um comprimido para diminuir a dor, mas recusei para ganhar tempo.

Não quis nem saber do café e, enquanto o portão abria, Mariana correu até mim com uma maçã envolta num guardanapo e sorriu.

Levei em torno de quarenta minutos para chegar ao Rei da Fruta. Do lado de fora, o tumulto era menor e os empregados continuavam impedidos de entrar e sair. Alguém fez sinal para liberar a passagem, agradeci com a cabeça e mantive o vidro fechado para evitar o assédio.

★★★★

Doutor Eros e Júlio César me aguardavam do lado de fora da sala. Dentro, algumas figuras caricatas, entre elas o Nelson e alguns representantes, dois empregados e outros dois que não conhecia, além de Roberto que ficou para descontrair o pessoal.

— Pensou em algo? — doutor Eros perguntou.

— Claro que sim e preciso de apoio. Portanto, lá dentro, não importa o que eu diga, por favor, não me contrariem, mesmo que eu esteja errado. Depois, se necessário, a gente conserta. Odeio ser contestado na frente dos outros; quando for a hora, eu peço ajuda.

— Sem problemas — disparou Júlio César.

— Seja o que Deus quiser — doutor Eros emendou.

Roberto piscou o olho esquerdo. Senti uma energia boa, logo em seguida, quando Cecília passou pelo corredor e fez sinal de positivo, queria muito que estivesse comigo. Era o que faltava para ganhar coragem e entrar naquela sala disposto a dar um basta na situação.

— Perdoem o atraso, senhores, tive um incidente no surfe e demoro a entrar no eixo — justifiquei com intuito de amenizar o clima.

— Tranquilo — Nelson comentou —, você conserta com uma boa proposta de aumento salarial e tudo vai melhorar.

— Quem sabe? — repliquei com voz firme. — Desde que isso não coloque em risco a sobrevivência da empresa.

— Seu pai enrolou a gente durante muito tempo — um dos participantes arriscou —, está na hora de corrigir isso.

— Vocês deviam ter feito greve quando meu pai estava vivo. Mal assumi o negócio, minha mãe segue internada, e agora todo mundo quer resolver os problemas dos últimos dez anos.

— A questão não é essa — retrucou Nelson. — Se a gente não tiver pelo menos uma ideia de como ficará a empresa, a coisa vai complicar. O Wladimir disse que vocês têm condições de atender as reivindicações.

Uma carga de adrenalina implodiu dentro de mim, por pouco quase detonei o tio diante deles. Como dizia minha avó: *pare, respire e escolha.*

— Meu tio não responde pela empresa — enfatizei, sem medo.

— Não era isso que a gente sabia — alguém comentou.

— Estamos com problemas de caixa, o faturamento caiu e ainda não consegui reunir a equipe para avaliar a situação. Portanto, não farei nada que comprometa ainda mais as finanças da empresa. Eu quero apenas um voto de confiança, então, pedirei um favor especial: voltem ao trabalho até chegarmos a um acordo. De imediato, posso conceder a inflação e um pequeno reajuste no vale-refeição; quando conseguir entender melhor a situação, a gente conversa.

— Você é igualzinho ao seu pai. Por que não deixa seu tio negociar com a gente? — perguntou outro participante.

— Meu pai era o meu pai, eu sou eu. Até onde sei, vocês gostavam dele, mudaram de opinião agora? Quanto ao meu tio, ele tem apenas um e meio por cento do negócio e, como vocês sabem, minha mãe tá na UTI; sem ela, fica difícil tomar uma decisão. Todas as pessoas que aqui estão eram de confiança do meu pai, elas sabem que falo sério, qualquer movimento em falso pode quebrar a empresa. É isso que vocês querem?

— Tem mais um problema — Nelson acrescentou. — A turma da operação não vai muito com a sua cara, pois você conhece pouco do negócio, levava uma vida boa fora do Brasil e caiu de paraquedas no comando da empresa. O pessoal prefere o seu tio.

— Isto não é problema meu, esqueça o meu tio — respondi ainda sereno.

— Ele também é sócio — observou o sindicalista.

— Um pequeno sócio com percentual irrelevante, portanto, não assumirá nada ou você acha que vou entregar um negócio de vinte e poucos anos na mão dele, assim de graça? Prefiro vender a empresa.

Depois de muita argumentação e contra-argumentação, o cansaço era visível. Já havia suportado mais do que minha condição física permitia e tive que fazer um esforço razoável para me manter íntegro até o fim. Doutor Eros estava pálido, Roberto aguentou firme.

— Vamos fazer o seguinte — propôs o presidente —, você tem trinta dias para avaliar a situação e colocar ordem na casa. Se não chegarmos a um acordo até a próxima reunião, aí eu não respondo por nada.

— Não adianta me ameaçar, Nelson. Você acha que eu morro de amores por isso aqui? A coisa mais fácil do mundo é encontrar alguém que queira comprar a empresa — respondi com um sorriso sarcástico.

— Quem vai querer comprar um negócio com a situação fora de controle e paralisado por uma greve geral?

— Sempre existe alguém — finalizei.

A reunião com os sindicalistas estava encerrada e custei a acreditar que havia sobrevivido. Doutor Eros perguntou como eu estava e não me lembro de ter respondido algo.

— Mandou bem, campeão — Roberto elogiou. — Como diria sua avó, *tem coisas que apenas o tempo é capaz de ensinar, outras, porém, ninguém precisa esperar para aprender.* Devo reconhecer que seu pai não faria melhor.

— Temos um mês — emendou Júlio César.

— Vou dar um jeito, custe o que custar, com ou sem minha mãe, mas não pensem que esqueci o meu tio. Ele ainda me paga.

Suzana entrou na sala.

— Seu Wladimir está aguardando aí fora faz um bom tempo.

— Agora, o meu dia está completo — resmunguei sem a mínima vontade de recebê-lo. — Mande ele entrar.

Ao vê-lo, ironizei:

— Alguma notícia boa, tio?

— Nosso maior fornecedor suspendeu a entrega de produtos.

— Que droga, tio, do que você tá falando?

Capítulo 26

A aura sombria do tio Wladimir impregnava o ambiente. Diria isso a ele se não sentisse receio de agravar ainda mais a nossa relação, que já não era das melhores. Ele era o típico portador de más notícias, parecia sentir prazer em semear o caos sobre o caos já instalado. O mundo é injusto, quem não merece é que tá vivo, pensei.

— Estamos devendo alguma coisa? — perguntei.

— Temos faturas em aberto, nada que possa comprometer a nossa relação comercial. Eles são muito parceiros, mas sabe como é, os boatos correm.

— Você é o homem dos suprimentos, tio. Tem que dar um jeito nisso ou prefere que peça pra alguém fazer o seu trabalho?

— Vá em frente — rebateu e saiu da sala espumando de raiva.

Nossa relação era incorrigível. Roberto olhou para mim e chacoalhou a cabeça com um gesto típico de "você não é fácil". Fiquei sem graça e mantive a pose, apesar do constrangimento.

— Suzana — chamei pelo interfone antes de prosseguir —, peça para Cecília vir até aqui.

— Essa é a pior maneira de lidar com seu tio — doutor Eros alertou. — Ele é irmão da sua mãe, isso não vai acabar bem.

— Preciso afastar meu tio da operação, doutor. Não dá pra trabalhar com ele me boicotando o tempo todo. Será que é exagero da minha parte? - perguntei em busca de aprovação.

— É complicado — Júlio César observou.

— Minha relação com o Wladimir é boa — afirmou o doutor Eros.

— Imagino — comentei em tom de sarcasmo, os dois eram unha e carne.

— Quero conversar com você depois sobre isso, campeão. Só nós dois, pode ser? — emendou o Roberto.

Quando dizia isso, era certo que ia chamar minha atenção, mas tomava cuidado para não fazê-lo na frente do grupo. Conhecia o meu jeito.

★★★★

Cecília demorou a subir e entrou na sala exibindo as curvas delineadas por uma calça justa e uma camisa cor-de-rosa semitransparente. Naquela hora, percebi o quanto uma mulher era capaz de influenciar o ambiente, para o bem ou para o mal. Eu ainda não me sentia integrado por inteiro, era impossível observá-la sem deixar escapar uma ponta de desejo, mas juro que me esforçava. Ela era a única mulher na liderança e seu sorriso indefinido era suficiente para manter o pessoal afastado, sua competência era inquestionável.

Cecília me evitava. Suas respostas eram consistentes, entretanto, seu olhar era desviado para qualquer direção, menos na minha. Evitei questioná-la na frente dos demais e guardei essa percepção para outro momento.

— Cecília, entre em contato com o fornecedor mencionado pelo meu tio, explique a situação e negocie direto com ele. Se preciso, diga que vamos até ele. Implore, faça qualquer coisa, tente evitar a suspensão do fornecimento.

— Vou fazer isso agora mesmo — respondeu, segura de si.

— Depois da reunião, agora quero que participe da conversa.

— Tudo bem — respondeu Cecília me olhando de canto.

— A questão é simples, vou afastar o meu tio do comando. Não preciso dele conspirando pelos corredores e, ao que parece, todo mundo tem medo de enfrentá-lo — instiguei, na ânsia de obter uma resposta consistente.

— Não se trata de medo — Cecília explicou —, e sim de hierarquia. Além de ser irmão da sua mãe e fazer parte da sociedade, o Wladimir sempre foi muito próximo do seu pai. Ninguém aprova os métodos arcaicos nem o estilo truculento, mas entenda que é difícil bater de frente com ele. Ele é da família, os demais são empregados; em qualquer outra empresa, isso já teria sido resolvido há muito tempo. Ele está aqui desde o começo, trabalha muito, ninguém tem dúvida disso, mas o tempo dele passou e a única pessoa que pode resolver isso é você ou sua mãe. Empregado, William, você fala uma, duas, três vezes no máximo, se não der, substitui e pronto; sócio é mais difícil, concorda?

— Vou pensar a respeito — respondi sem concordar muito.

Cecília tinha razão numa coisa: era um problema de família. Meu tio fora mantido no cargo por conveniência, mais da minha mãe do que do meu pai. Na minha opinião, ele não valia um chiclete e não conseguiria fazer outra coisa tendo apenas o primeiro grau, minha mãe sabia disso. Poderíamos conviver em paz desde que ele se tornasse um cachorrinho obediente, caso contrário, não havia espaço para nós dois na empresa — mesmo considerando o seu poder de influência na operação e o fato de ser membro da família. O ideal seria arranjar alguma outra coisa para ele fazer.

— E quanto ao sindicato? — indagou Júlio César.

— Temos tempo, agora cada um fará a sua parte — respondi com receio de aumentar o desgaste perante o grupo.

Em alguns aspectos, eu contrariava tudo o que havia dito para meu pai e minha mãe. As coisas foram me absorvendo, embora resistisse em aceitar a condição de CEO ou algo parecido.

— Júlio César e Cecília, avaliem o impacto do reajuste no fluxo de caixa, depois a gente discute — recomendei. — Mais tarde, doutor Eros, preciso da sua orientação quanto ao inventário e sobre um eventual retorno da minha mãe.

— É cedo ainda — ele respondeu.

— Santiago, entre em contato com as unidades e avalie a situação, quero saber de tudo. Roberto, preciso de mais alguns minutos contigo.

★★★★

Diante do Roberto, tive uma crise de choro como há muito tempo não acontecia. Por um instante, senti vontade de ter o meu pai por perto. Olhei para o quadro na parede e imaginei a voz dele ao meu ouvido: *não veio por bem, veio por mal.* O sentimento de culpa me perseguia, aquelas malditas palavras me atormentavam: *Quem sabe um dia, quando o senhor morrer!*

— É só uma fase, campeão — Roberto amenizou.

— Que droga, Roberto, o que foi que eu fiz?

— A vida é assim mesmo. Se fosse fácil, não precisava da gente.

— Meu pai não podia ter feito isso comigo. Bem me lembro de, certa vez, sentado na mesma cadeira em que ele sentava, minha mãe me repreender por querer voltar a San Francisco. A última coisa que imaginava era abrir mão do meu sonho, agora tenho que me virar com tanta coisa para as quais não fui preparado. Não tem nada a ver comigo. Onde ele andava com a cabeça, fazer curso para piloto de avião a essa altura da vida?

— Todo mundo tem o direito de ser feliz, era o sonho dele.

— Sei, meu pai tinha o direito de sonhar, eu não.

— O mundo não foi feito para que eu ou você tivesse uma vida mais fácil, campeão. Cada um constrói a sua própria história.

— Asneira!

— Vai passar, campeão, estou achando até que você andou fazendo um curso de administração. Mandou muito bem, mas tem uma coisa...

— O que foi? — perguntei enquanto secava o restante das lágrimas com a ponta dos dedos.

— Pare de confrontar as pessoas. Isso só serve para aumentar a distância entre você e a equipe.

— Como assim? — perguntei surpreso.

— Pare de humilhar as pessoas, campeão. Releve o seu tio.

— É o meu jeito, Roberto.

— Trate de mudar. Uma coisa é impor respeito com base no medo, outra coisa é conquistar o respeito na base da confiança. Cresça, meu amigo.

— Prometo que vou pensar a respeito.

— Se continuar assim, ficará igual ao seu tio que passa o tempo todo diminuindo os outros para se sentir grande. Quanto mais você grita, campeão, menos as pessoas ouvem.

— Um dia eu aprendo, Roberto — comentei com certo desconforto.

— Você vai sobreviver. Se quiser, posso conversar com o Wladimir.

— Ele não vai ouvir.

— Como é que você sabe?

Suzana entrou na sala e interrompeu a conversa.

— Com licença, William, seu tio quer falar com você outra vez, disse que é urgente.

— O portador de más notícias — pronunciei baixinho.

— Campeão, campeão — Roberto me repreendeu.

Meu tio entrou na sala com expressão indefinida, parecia incomodado e ao mesmo tempo satisfeito.

— O que conta de bom, tio? — perguntei sério.

— Pelo contrário, sobrinho...

— O que foi dessa vez?

— A turma iniciou uma operação tartaruga.

— Que droga é essa?

— É quando decidem diminuir o ritmo de trabalho e fazer apenas o trivial.

— E a nossa trégua com o sindicato? — questionei.

— O sindicato não sabe de nada — apressou-se meu tio.

— Que coisa complicada, tudo isso acontecendo da noite pro dia, logo depois que meu pai morre e minha mãe vai pro hospital. Tem certeza, tio, de que não sabe de nada?

— Assim você me ofende, sobrinho.

Algo me dizia que a manifestação tinha o dedo do tio Wladimir. Por outro lado, fiquei imaginando se seria capaz de prejudicar a si mesmo considerando o fato de ser sócio da empresa. Por alguma razão, as notícias ruins chegavam por meio dele, a maioria delas.

— Interessante, tio, o senhor é sempre o primeiro a saber.

Capítulo 27

Tio Wladimir aparecia sempre com o problema, nunca com a solução, e adorava jogar a bomba na mesa e assistir de camarote a um possível vacilo meu. Na maioria dos casos, eu não sabia por onde começar e isso me obrigava a pensar. Era como entrar no tubo de uma onda gigante tendo que olhar para frente, manter o equilíbrio e torcer para não ser engolido por toneladas de água; o que muda é o ponto de referência. Se pudesse escolher, preferia mil vezes o tubo, juro, pelo menos dependia só de mim.

— Dê uma olhada nisso, Roberto, e tente descobrir o que houve. Temos um acordo com o sindicato.

— Deve haver algum mal-entendido, campeão.

— Não sei o que tá acontecendo, mas escreva isso: quando eu descobrir, sobrará pouca gente pra contar a história.

— Vim apenas avisar porque, fechado aqui dentro, você não fica sabendo nem metade do que acontece lá fora.

— Acabei de chegar, tio. Deixe que eu me viro.

— Você é quem manda.

O dia foi tenso. De alguma forma, era necessário normalizar a situação tanto dos fornecedores quanto do sindicato. A cada minuto, a posição do caixa se deteriorava, os ânimos acirravam. Roberto não voltava nunca nem Cecília, minha ansiedade aumentava a ponto de roer as unhas e descer várias vezes até o pátio a fim de arrancar alguma informação.

Enquanto aguardava uma notícia qualquer, o celular vibrou. Era minha avó, com a voz embargada.

— Temos que ir ao hospital.

— O que foi agora, vó?

— Disseram que só podem falar pessoalmente.

— Tenho que resolver algumas coisas.

— Não demore, William, estou agoniada.

Coisa boa não devia ser, imaginei. Os médicos diziam que minha mãe estava progredindo, achei estranho.

O expediente havia encerrado. Eu estava organizando as coisas sobre a mesa quando Roberto apareceu; em seguida, apareceu Cecília.

— Preciso ir ao hospital — alertei.

— Eu levo você — sugeriu Roberto —, conversamos pelo caminho.

— William, conversei com dois dos nossos principais fornecedores — Cecília disse antes de sairmos. — Acho que consegui reverter a má impressão, pelo menos por enquanto.

— Bom trabalho, Cecília. Eles continuarão fornecendo?

— Um deles sim, o outro vai avaliar. Disse que quer conversar com seu tio primeiro, afinal, foi ele quem ligou informando que a empresa está mal.

— Filho da mãe, como se atreve a dizer uma bobagem dessas? Quem o autorizou?

— Devagar, campeão — interferiu Roberto.

— Você não vê que o tio Wladimir faz isso pra me desestabilizar?

— Nada de conclusões precipitadas — Cecília aconselhou. — Amanhã você chama o seu tio e esclarece tudo isso.

— Tenho raiva só de pensar que é meu tio. Cecília, amanhã cedo venha até a minha sala. Vamos ligar mais uma vez para o segundo fornecedor — orientei antes de sair.

— Por favor, não me coloque em rota de colisão com o Wladimir.

— Esqueça o meu tio. Quero dar a minha palavra de que vamos honrar todos os compromissos.

— Já disse isso a ele.

— Se ouvir do dono será melhor — finalizei.

★★★★

A caminho de casa, Roberto relatou o que havia conseguido arrancar da turma. O problema não era o sindicato, mas o tio Wladimir que passou de área em área orientando o pessoal a reduzir o ritmo de trabalho. Pouca gente entendeu e, como ele tinha influência sobre as lideranças da operação, ninguém se arriscou a questionar.

— A concorrência externa não me preocupa, Roberto. O problema é a concorrência dentro da nossa própria empresa, inadmissível.

— Isto é grave — instigou Roberto. — Se for verdade, é preciso enquadrar seu tio, senão, vamos perder o controle. Vou conversar com ele amanhã cedo e, dependendo da reação, teremos que colocá-lo contra a parede.

— Tem certas coisas que é melhor não empurrar com a barriga. Sinto que o momento está chegando, Roberto.

Minha avó aguardava ansiosa, no jardim, com o terço na mão. Elvis, o *beagle* do meu pai, parecia mais ansioso ainda. Pedi ao Roberto e a ela que aguardassem por alguns minutos; tempo suficiente para trocar de camisa e colocar o visual em ordem. Eu queria impressionar minha mãe, levantar o seu astral, afinal, estava fazendo o meu melhor e devia passar uma boa imagem.

— Não importa o que o médico diga, meu neto — observou minha avó dentro do carro. — Você é o único que pode preservar a memória da família; a família é o nosso maior patrimônio.

— Por que tá repetindo isso, vó?

— Para o seu próprio bem — ela respondeu.

★★★★

Em torno de vinte e trinta, entramos no hospital. Na antessala da UTI, aguardamos impacientes a vinda do neurologista, o mesmo que nos atendeu da primeira vez que aparecemos por lá. Fiquei tão desconsolado que até esqueci de memorizar o nome dele. Minha avó conseguia manter a calma, a vida havia lhe ensinado muito.

— Seja direto, doutor — intimei diante do silêncio inicial.

— O quadro clínico da sua mãe piorou — disparou sem meias palavras.

— Da última vez, o senhor estava otimista. Que conversa é essa?

— Deixe o doutor concluir — observou Roberto.

— A ruptura de um aneurisma da artéria aorta é um dos quadros mais graves na medicina; além do mais, sua mãe é hipertensa. Amanhã cedo, iniciaremos o tratamento cirúrgico convencional e o resultado é imprevisível.

Olhei para minha avó, com lágrimas nos olhos.

— O que significa isso, vó?

— Vamos deixar nas mãos de Deus — ela respondeu e levou a mão no meu ombro.

— Não posso perder minha mãe.

— Confie, campeão — Roberto aconselhou —, o médico sabe o que faz.

— Tenho que ver minha mãe, doutor, por favor.

— Vou abrir uma exceção — ele respondeu olhando no relógio. — Cinco minutos, nem mais nem menos. Espere a enfermeira preparar o uniforme e encaminhar vocês à higienização, é norma do hospital.

Roberto permaneceu na antessala, disse que era assunto de família. Achei melhor assim.

★★★★

Dentro da UTI, senti uma dor tão forte quanto a que senti naquele maldito cemitério no dia em que meu pai se foi. Era triste ver minha mãe acorrentada por tubos, agulhas e fitas adesivas, respirando com o auxílio de aparelhos, sem poder fazer nada, ainda que tivesse todo o dinheiro do mundo à disposição.

Toquei levemente o seu braço por alguns segundos, parecia tão gelado quanto o corredor sombrio daquele hospital. Tive um calafrio, o toque renovou a forte ligação que existia entre nós. Era possível sentir a vida dela pulsando, implorando por uma nova chance. Antes de sair, fiz questão de dizer algumas palavras, mesmo sem saber se ela me ouvia.

— Perdão, mãe, não sou o filho que você sempre sonhou. Aconteça o que acontecer, você é a pessoa mais importante da minha vida. Juro que farei de tudo para tirar você daqui com vida, muito mais forte do que antes, e a gente vai voltar a ser uma família feliz.

Em seguida, contive o choro e continuei segurando a mão dela. Algo me dizia que a noite seria inesquecível. Lembrei-me do dia em que fiz de tudo para segurar a alça do caixão do meu pai e não consegui. Por que Deus faria uma coisa dessas comigo outra vez?

Aos poucos, nossa ligação se dissolvia.

— Está na hora — alertou a enfermeira que nos acompanhava.

— Fica com Deus — minha avó finalizou, depois de dar um beijo em sua testa, ajeitar a coberta e fazer o sinal da cruz.

Antes de sair, tive a impressão de que minha mãe apertou a minha mão.

Era uma reação, eu acreditava nisso.

Capítulo 28

A noite parecia uma eternidade. Tranquei-me no escritório imaginando o que viria pela frente, reordenando as ideias e sofrendo por antecedência. Era o tipo de provação que não desejava para ninguém, perder o pai e a mãe em menos de noventa dias e assumir um negócio que tinha pouco a ver com o meu projeto de vida. Seria esta a minha missão? Talvez meu futuro fosse mesmo ao lado da minha avó e das coisas que meu pai deixou.

Nem todos aqueles quadros nas paredes nem a escrivaninha com tampo de vidro, carregada de fotos e mensagens, respondiam minha maior dúvida: onde me encaixo em tudo isso? Confesso que, apesar das emoções vividas desde o início, eu me sentia um estranho no ninho. Como é que meu pai conseguia administrar tudo aquilo e ainda encontrar tempo para pilotar? Por que haveria de abrir mão do meu sonho quando ele nunca abriu mão do dele?

Lembrei-me das palavras do Roberto: *você está progredindo, campeão*. Por um lado, era estimulante; por outro, era difícil esconder a raiva que sentia do meu tio. Não via a hora de o dia clarear para ter uma conversa definitiva com ele, de homem para homem, sem papas na língua, talvez a última da nossa rápida convivência na empresa.

Em meio a tantos problemas era desafiador estabelecer prioridades e, por intuição, eu defini uma linha única de raciocínio, visto que era tão orgulhoso quanto meu pai e evitava pedir ajuda. Olhei mais uma vez para o quadro na parede e pronunciei em voz alta o que ninguém poderia ouvir:

— Me ajuda, pai!

De manhã, acordei disposto a tomar uma medida radical: fechar a torneira, como dizia meu pai, de modo a evitar que mais dinheiro escoasse pelo ralo, e reunir o grupo para elaborar um plano definitivo de reestruturação. Era o único caminho, pensei.

Antes de descer para o café, liguei e pedi ao Roberto que viesse me buscar. A experiência dele contava muito, nossa afinidade era boa.

Depois de compartilhar minhas intenções durante boa parte do trajeto até a empresa, ele foi enfático:

— Pode se preparar, campeão. Seu tio vai enlouquecer, ele sempre teve carta branca para mandar e desmandar.

— Agora não terá mais, o exemplo tem que vir de cima.

— Entendo, mas faça isso diante de todos — ele sugeriu. — Assim você se posiciona como profissional e não como filho do dono, muito menos contra o seu tio. Lembre-se, o objetivo maior é acalmar os ânimos do sindicato e reconquistar a confiança dos principais fornecedores. Seja cauteloso e estimule o grupo a fazer o mesmo.

— E quanto ao meu tio?

— Prometi que falaria com ele — lembrou Roberto. — Só não o fiz porque não consegui encontrá-lo.

— Confio na Cecília, embora se comporte de maneira estranha comigo. Tem algo ali que vai além da minha imaginação.

— Fica na tua, campeão, onde se ganha o pão não se come a carne. Aproveite o que ela tem de bom como profissional e não vai se machucar.

— É impressão minha ou você está me chamando a atenção?

— Não misture as coisas, vai por mim.

Roberto escondia alguma coisa.

★★★★

Antes de entrar na sala, ordenei à Suzana que convocasse os gerentes para uma reunião logo na primeira hora, incluindo meu tio. Apesar da pressão, eu me sentia cada vez mais fortalecido a tomar decisões e inclinado a acreditar que, por mais inexperiente que fosse, as pessoas confiariam em mim. Na prática, eles não tinham alternativa.

— Como é que se resolve essa questão da operação tartaruga, Roberto? Tem alguma ideia?

— Depois da reunião, vamos circular pela empresa e sentir o clima. Em seguida, ligamos para o Nelson e o colocamos contra a parede.

— Tem certeza?

— Absoluta.

★★★★

Tio Wladimir permanecia na posição de sempre, roendo as unhas e balançando a cadeira de um lado para o outro, esperando eu abrir a boca para me estrepar de vez.

Antes de começar, abri uma garrafa de água mineral, bem devagar, olhei um por um enquanto enchia meu copo e criava coragem para dizer o que havia pensado durante o caminho. Já era possível controlar minha ansiedade.

— Alguma notícia de Helena? — tio Wladimir perguntou.

— Você é irmão dela e não sabe? — retruquei.

— Não tenho obrigação de saber — rebateu em voz alta —, mas você tem a obrigação de dizer. Todo mundo aqui trabalhou com ela.

JERÔNIMO MENDES

Evitei uma resposta à altura, afinal, havia sido grosseiro também.

— Ela não está nada bem e agora não é hora de falar sobre isso. Temos um monte de problemas e gostaria de começar pelo mais complicado. Qual é a situação do caixa, Cecília?

— Crítica, William. Estamos com o limite de crédito comprometido em todos os bancos, o faturamento despencou nos últimos dias e, como se não bastasse, recebemos a visita do Fisco.

— Como assim?

— Foi uma denúncia anônima — respondeu Cecília. — Alguém ligou e disse que a empresa não está recolhendo os impostos como deveria. Nesse caso, eles são obrigados a fiscalizar.

— Isto é verdade? — perguntei indignado.

— Em parte, William, seu pai beneficiava alguns clientes autorizando a emissão de notas com valor inferior e, às vezes, sem nota. Sempre fomos contra, mas ele não se importava. Depois do acidente, suspendemos esta prática, porém o Fisco costuma vasculhar os últimos cinco anos.

— De quanto estamos falando?

— De um milhão, um pouco mais, um pouco menos — disse Cecília.

— Heitor tinha razão — meu tio esbravejou —, ficar alimentando esses canalhas do governo é a pior coisa que se pode fazer.

— Quem é que vai pagar a conta? Você tem um milhão no banco?

— É problema da empresa.

— O senhor também faz parte da sociedade, tio, lembra? — retruquei.

— Ué, você me disse que um por cento e meio não conta.

Filho da mãe — quase deixei escapar.

— Não vamos perder o foco da reunião — alertou Cecília.

— A partir de hoje — prossegui com voz firme —, todas as despesas estão suspensas. Nada de viagens, gastos adicionais nem compras urgentes. Qualquer despesa deve ser aprovada antes por mim e, na minha ausência, por Cecília.

— Assim não dá — meu tio ironizou. — Teremos que pedir autorização para uma caixa de fósforos também?

— Uma caixa não, tio — respondi com mais ironia ainda. — Mas se for um pacote com dez caixas, não tenha dúvida.

— Faça como quiser, você manda agora.

— Qual é o impacto da denúncia, além do financeiro? — perguntei.

— Por enquanto é apenas uma averiguação que deve durar alguns dias — explicou Cecília. — Depois, devemos receber a notificação e uma multa com prazo de defesa, mas não se preocupe, temos poucos casos na empresa. Confie em mim, temos que cuidar para que não chegue ao ouvido dos clientes, aí sim teremos problemas.

— Como assim? — questionei.

— Qualquer desconfiança pode agravar a situação e provocar um pedido de falência, já ocorreu no passado — doutor Eros alertou.

Pensei no meu tio outra vez. Era o único candidato a traidor na sala, porém, qualquer manifestação de minha parte seria um tiro no pé.

— Se algo acontecer — alertei em voz pausada —, posso pensar que foi alguém dessa sala e, juro por minha mãe, esse tipo de traição é imperdoável. Ou vocês estão na empresa ou estão fora dela.

— Você está sendo injusto — doutor Eros arriscou.

— Estou sendo prático. É duro imaginar que tenha partido de alguém que trabalha e recebe da empresa.

— Ninguém sabe se foi de dentro — tio Wladimir rebateu.

— Só pode ser alguém com acesso aos documentos da empresa.

— Devagar, pessoal — recomendou Cecília. — Garanto que não vai abalar a estrutura da empresa.

— Por tudo o que conversamos aqui, sugiro que cada um elabore o seu próprio plano de ação. Se vocês têm um pingo de consideração pelo meu pai e minha mãe, procurem fazer a sua parte com mais empenho. No que depender de mim, o Rei da Fruta só vai prosperar.

— Chega de conversa — disparou meu tio em pé, pronto para sair da sala. — Tenho mais o que fazer.

— Você fica, tio; Roberto, você também. Os demais podem ir.

Era chegado o momento de a onça beber água, como dizia minha avó, e resolver o problema de uma vez por todas. Antes, pedi um tempo para ir ao banheiro, pois minha bexiga estava prestes a explodir.

Capítulo 29

Era fácil encarar aquela imagem no espelho, inflada de razão; difícil era enfrentar o meu tio que pouco argumentava e costumava levantar a voz para intimidar quem ousasse enfrentá-lo. Odiava esse tipo de comportamento desde o dia em que meu pai gritou comigo na Praia do Rosa; difícil apagar da memória, qualquer coisa semelhante ainda me causava desconforto.

Era hora de excluir meu tio da sociedade e dar fim aos boicotes. Olhei no espelho outra vez e respirei fundo.

— Tio Wladimir — despejei com a voz embargada —, o que eu vou dizer é difícil, mas é melhor assim. Desde que cheguei, você não me respeita e, mais do que isso, me afronta o tempo todo, então, tomei uma decisão.

— Prossiga — disparou em tom de sarcasmo.

— Se continuar me boicotando, é melhor vender a sua parte e o senhor tomar outro caminho. Do jeito que as coisas andam, não há espaço pra nós dois no Rei da Fruta.

— Quer mesmo tratar desse assunto na frente do Roberto?

— Roberto é de casa, conhece o senhor há muito mais tempo.

— Minha parte não está à venda — rebateu exaltado. — E sabe o que eu penso? Desde que você voltou, as coisas só andaram pra trás.

— Agora sou culpado por tudo o que aconteceu aqui?

— Você acha que não?

— O que vocês fizeram desde que o meu pai se foi, tio?

— Sua mãe assumiu o comando, tinha muita coisa acontecendo. Agora que o negócio desandou, não será você, que mal saiu das fraldas, quem vai conseguir colocar a casa em ordem.

— Quem vai então, tio? O senhor?

— Tenho mais experiência, é uma questão de justiça. Eu sempre fui o braço direito do seu pai, não é isso mesmo, Roberto?

— Heitor nunca disse isso, Wladimir. Você pode não gostar, mas Cecília e Júlio César sempre estiveram muito mais próximos.

— Deixe de falar bobagem, Roberto. Tenho um pedaço do negócio, devia pelo menos ser consultado nas decisões.

— Esqueça, tio. Com noventa e oito e meio por cento do negócio, não tenho obrigação alguma de consultá-lo. Faço isso por consideração à minha mãe.

— Você não tem nada — enfatizou com certa razão. — O inventário tá em andamento e minha irmã continua viva.

— Calma — Roberto interveio outra vez —, desse jeito é mais um problema a ser resolvido.

— Não vou fazer nada enquanto Helena estiver no hospital — tio Wladimir proferiu exaltado. — Quero apenas que este moleque me respeite; quando minha irmã voltar, a gente vê como é que fica.

— Nunca mais me chame de moleque — devolvi com o dedo indicador levantado, sem me exaltar. — Mesmo que volte, minha mãe não terá condições de resolver isto e você já sabe o que vai acontecer. Vá se preparando, é questão de tempo.

— Então, fica o dito pelo não dito — esbravejou e se levantou, empurrando a cadeira com toda a força.

Depois que saiu, foi a minha vez de reclinar a cadeira, levar as mãos na cabeça e suspirar. Minha camisa estava úmida, a cabeça latejava.

— Que droga, Roberto!

— Era melhor eu ter conversado com ele antes, campeão, você não me ouviu. Seu tio é complexado, tem que saber lidar com ele.

— Complexado?

— São mais de vinte anos na empresa e nunca estudou, sempre tomou as próprias decisões, tinha carta branca para resolver os problemas, nunca teve que dar satisfação. Agora vem você dizendo o que deve fazer? Esperava o quê?

— Tenho que dar um jeito de retirá-lo da sociedade, sem me arrepender outra vez de ter feito algo por impulso. A única coisa que me segura é o fato de ele ser irmão da minha mãe.

— Numa coisa ele tem razão: você não pode fazer nada enquanto sua mãe estiver no hospital. Ele ainda vai incomodar.

— Vou trocar uma ideia com o doutor Eros, agora me leve ao hospital.

— Esqueceu do sindicato? Vamos circular?

— Droga, bem lembrado.

Devia ter feito isso assim que cheguei. Corremos a empresa toda. O terreno era plano, bem aproveitado, com um sistema bem bolado de recebimento, processamento, embalagem, transporte e distribuição. Uma coisa era inegável, meu pai sabia impressionar.

Corremos a empresa por mais de duas horas. Falamos com diversos empregados, alguns com mais de vinte anos de casa, e nada justificava uma medida extrema, a maioria parecia contente. Muitos ressaltaram a preocupação com minha mãe, o que mexeu comigo.

— Você viu alguma coisa diferente, Roberto?

— Eles foram bem instruídos, campeão, não se impressione. Em parte, seu tio deve ter contribuído um pouco.

JERÔNIMO MENDES

★★★

Na volta, Cecília e Júlio César me aguardavam no escritório.

— Uma notícia boa, pelo amor de Deus — disparei em tom de brincadeira.

— Infelizmente não, William. As unidades de São Paulo e Rio de Janeiro aderiram à operação padrão — Júlio César informou.

— Com isso, a situação se complicou — Cecília alertou. — São Paulo responde por cinquenta por cento do faturamento.

— Vamos conversar na sala de reunião.

Assim que nos acomodamos, desabafei:

— Será que o problema é comigo? Me diga, Roberto, o que meu pai fazia que ninguém se rebelava e, agora, me aparece essa avalanche de problemas?

— Bem-vindo ao mundo dos negócios, campeão.

— Muita coisa ao mesmo tempo. Me deem uma luz, pessoal.

— Vamos por partes, William — manifestou-se Júlio César. — Primeiro o sindicato, tente entender por que o acordo foi descumprido.

— As unidades de São Paulo e Rio têm seus próprios sindicatos — Cecília lembrou.

— É provável que sigam a orientação de Curitiba. Sempre foi assim, vale a pena tentar — respondeu Júlio César.

— Suzana — chamei pelo interfone —, ligue para o sindicato. Quero falar com o Nelson.

Demorou um bocado até localizarem o presidente, tempo suficiente para alinharmos a conversa. Doutor Eros juntou-se a nós.

— Nelson, aqui é o William, do Rei da Fruta — iniciei a conversa com o viva-voz ativado para que todos ouvissem e fiz sinal de silêncio.

— Tem algo para mim?

— Fizemos um acordo e você nos deu um prazo, lembra disso?

— Claro que sim, acordo é acordo. Qual é o problema?

— Que bobagem é essa, Nelson? Temos uma maldita operação padrão em Curitiba, São Paulo e Rio com ameaça de greve. Os fornecedores estão preocupados; o faturamento não para de cair; a empresa tem compromissos; quem vai pagar as contas no fim do mês?

— De nossa parte, a orientação foi clara, todo mundo deveria voltar ao normal até a próxima reunião. Não sei o que houve, trato é trato, a menos que...

— Pode dizer — estimulei.

— A menos que seu tio tenha alguma coisa a ver com isso. Sabe como é, parece até que trabalha para o sindicato.

Era capaz de jurar que ele estava rindo à toa do outro lado.

— Fique tranquilo, Nelson, logo isto acabará.

— Vou conversar com a turma de novo. De minha parte está tudo bem, não quero problemas e seu pai sempre foi uma boa pessoa. A gente volta a falar sobre isto ainda hoje — finalizou.

★★★★

Coloquei o fone no gancho, olhei para cada um dos gerentes com certo desânimo e procurei manter o discurso. Não merecia isto, pensei.

— Se não dermos um jeito logo — pronunciei em tom de desabafo —, juro que vendo este negócio e vou ser feliz de outra maneira. Quando minha mãe sair do hospital, a conversa será diferente.

— Que é isso, campeão, mal acabou de chegar e já está jogando a toalha? — brincou o Roberto.

— Adianta tanto sacrifício?

— Calma, William — amenizou Cecília. — O Rei da Fruta é um excelente negócio, basta promover algumas mudanças, recuperar o moral dos empregados e a confiança dos fornecedores vai voltar, o resto se ajeita por si só. Quanto ao sindicato, é temporário, existem problemas mais sérios.

— É por aí mesmo, campeão — reforçou Roberto.

— Tenho alternativa?

Meu celular vibrou sobre a mesa, pedi licença e me afastei para atender no canto da sala.

— William, meu neto — disse minha avó e deu uma longa pausa.

Capítulo 30

Atirei o celular na mesa com tanta força que a bateria foi parar do outro lado da sala. Droga, lembrei-me do dia em que a mãe ligou para me dar a notícia da morte do meu pai; o mesmo tom de voz, o mesmo suspense, a mesma indignação.

Droga mesmo. Aquela maldita janela do escritório, agora, emoldurava um furacão. No dia em que meu irmão morreu, e no dia em que meu pai partiu, foi a mesma coisa. Maldito tempo, maldita janela.

— O que houve William? — Cecília perguntou.

— Minha mãe não tá bem, preciso ir ao hospital. Vou passar em casa, a vó vai comigo. Dessa vez não será como antes, não vou chegar pra ver fechado o túmulo da minha mãe.

— Deixa disso, campeão, sua mãe está viva. Eu levo você.

— Se ela morrer e eu não conseguir dar um abraço nela, juro que nunca vou me perdoar.

— Vá embora, a gente se vira por aqui — Cecília aconselhou.

— Júlio César — recomendei antes de sair —, acompanhe o movimento lá fora e, mais tarde, entre em contato com o Nelson, marque cerrado.

— Melhor avisar o seu tio — doutor Eros sugeriu.

— Dane-se o meu tio!

— Ele é irmão de Helena — interveio Roberto. — Deixe de ser orgulhoso, campeão. Cecília, por favor, avise o Wladimir.

★★★

Minha avó esperava no portão. Desci do carro e, antes de entrar, recebi um abraço longo e apertado. Pela primeira vez, aquele abraço me pareceu frio, típico de despedida.

— Confie em Deus.

— Você não me contou tudo, vó.

— Vamos embora, William.

O hospital ficava a mais de vinte quilômetros de casa. O céu sinalizava chuva, mais do que uma simples garoa, o vento forte e descontrolado carregava tudo o que havia pela frente.

— Acelere, Roberto! Minha mãe vai morrer.

— Pare de falar bobagem.

Uma tempestade horrível tomou conta dos céus de Curitiba e deixou boa parte da cidade sem energia. O volume de água era intenso, a maioria dos veículos reduziu a velocidade, o limpador não vencia, eu só conseguia pensar na minha mãe. Ela não vai embora sem mim, dessa vez não. Roberto se mantinha calmo ao volante, devia estar acostumado.

JERÔNIMO MENDES

Depois de uma hora dentro do carro, entramos no estacionamento do hospital, a chuva forte persistia. Minha impaciência durante o trajeto fez com que o tapete do carro ficasse todo retorcido.

Na área de desembarque, a cobertura havia sumido. Demoramos para encontrar uma vaga e, pior ainda, não havia um bendito guarda-chuva por perto.

— Preciso ver minha mãe. Quando a chuva diminuir, você vem com a vó.

— Vai lá, campeão, eu dou um jeito.

Antes de sair do carro, segurei a mão da minha avó.

— Tenha fé — ela aconselhou.

★★★★

Dentro do hospital, segui direto para o elevador quando fui interceptado por um segurança. Estava com o tênis encharcado, a roupa toda molhada e um aspecto nada confiável.

— O senhor deve se identificar na recepção e obter um crachá.

— Minha mãe tá na UTI, eu sei onde fica.

— É o procedimento — ele insistiu, dessa vez, menos simpático e com a mão posicionada entre mim e o elevador.

— Não faz isso, olha o meu estado, cheguei aqui debaixo de chuva.

— Por favor — disse apontando para a recepção.

Em frente ao balcão, duas senhoras de idade conversavam sem pressa enquanto eu me segurava para evitar uma besteira.

— O que está acontecendo? — perguntei às atendentes que cochichavam entre si. — Preciso ver minha mãe, dá para ir um pouco mais rápido?

— O sistema está fora do ar — disse uma delas, sem se dar ao trabalho de olhar para mim.

— Anote a identidade, faça qualquer coisa, droga! Minha mãe não vai esperar a volta do sistema.

Depois de muita persistência e uma visível irritação, tomei o crachá em minhas mãos e consegui me livrar da recepção. Deu vontade de jogar no lixo.

O bendito elevador demorava uma eternidade. Um funcionário saiu pela porta de acesso à escadaria de emergência e alertou que o elevador aguardava o pessoal da manutenção, por causa da queda súbita de energia.

Não pensei duas vezes, subi pela escada mesmo, tão rápido que cheguei a sentir cãibra na barriga da perna.

No corredor, me vi obrigado e relaxar um pouco.

— Você está bem? — perguntou uma senhora que circulava por ali.

— Tranquilo, vim pela escada — respondi ofegante.

★★★★

Do lado de fora da UTI, uma enfermeira de meia-idade, nada simpática, esperava por alguém da família.

— Posso ver minha mãe? — perguntei em tom elevado.

— Doutor Jaques está a caminho, aguarde um instante — recomendou a enfermeira.

— Pode abrir a persiana? — insisti.

— Infelizmente não — respondeu de maneira incisiva e pausada. — Doutor Jaques vai explicar.

— Explicar o quê?

— Aguarde, por favor!

Dez minutos depois, minha avó apareceu de braço dado com o Roberto.

— Que droga de hospital, por que fazem isso com a gente?

— Sente-se, campeão, acalme-se.

— Não quero me acalmar, quero ver minha mãe.

Comecei a circular pelo ambiente, de um lado para o outro, onde mal cabiam três ou quatro pessoas sentadas. Minha avó permaneceu em silêncio, imaginei o pior.

Um pequeno quadro na parede despertou minha atenção: *Ne pás estimer la vie, toute la vie, c'est ne pas la mériter* (Leonardo Da Vinci). Abaixo, a tradução me fez refletir: "Não valorizar a vida, a vida inteira, é não merecê-la".

Já havia lido isto, no Le Clos Lucé, onde Da Vinci viveu seus últimos dias, ao lado do Castelo de Chambord, na França, na única viagem internacional que fizemos em família. A associação da frase com o estado de saúde da minha mãe foi imediata: ela valorizava a vida, o que havia feito para não merecê-la?

Instantes depois, doutor Jaques entrou na antessala com expressão nada amistosa, acompanhado de outra médica. Enquanto minha avó e Roberto se levantavam, não pude me conter.

— Minha mãe, doutor, o que foi que houve com minha mãe?

— Fizemos de tudo — ele disparou depois de levar a mão no meu ombro.

— Como assim, fizemos de tudo? — questionei empurrando a mão dele.

— O quadro dela se agravou durante a madrugada, tentamos uma intervenção cirúrgica pela manhã. Sinto muito, muito mesmo.

— Você sabia disso, vó, e não me disse nada?

— Eu tinha esperança de encontrar Helena viva, Deus sabe o que faz.

— Deus tirou de mim as duas pessoas que eu mais amava na vida.

— Não diga besteira, meu neto.

— Preciso ver minha mãe — insisti com veemência.

— Por favor, doutor — minha avó reforçou.

— Doutora Luciana irá acompanhá-los — ele finalizou tocando meu ombro de leve outra vez. — Ela também é psicóloga, tem condições de ajudá-los melhor do que eu a partir de agora. Meus sentimentos, é triste perder um paciente.

★★★★

Minha mãe estava livre dos aparelhos e, agora, descansará em paz, imaginei. Eu daria todo o patrimônio da família para trazê-la de volta, mas o tempo não regride. Talvez fosse egoísmo da minha parte, seria difícil para ela viver com tantas sequelas.

Outra vez, uma das pessoas que eu mais amava partiu sem que tivesse tempo de dizer isso a ela. Lembrei-me das palavras do Roberto: *De vez em quando, é necessário rever alguns pontos de vista. Todos nós temos sonhos e, infelizmente, nem todos se realizam. Talvez seja essa a sua missão, cuidar dos negócios da família.*

Minha mãe era uma mulher nova; de uma vez por todas, o mundo não é justo. Foi duro vê-la naquela cama, de olhos fechados, sem nada mais para dizer. Por um momento, a mão dela me pareceu tão fria quanto a paixão que eu sentia pelo negócio da família. Fiquei ali, em transe, contemplando aquele rosto pálido, tentando conter as lágrimas.

— Perdão, mãe — murmurei baixinho.

Olhei para minha avó e para o Roberto, as palavras custavam a sair da minha boca. Senti uma dor aguda no peito.

— Não quero isso pra mim. Amanhã mesmo vou procurar um comprador.

— Do que você está falando, campeão?

— Essa porcaria de empresa que o meu pai deixou.

Roberto colocou a mão em volta do meu ombro.

— Lembre-se: o tempo não cura, mas ameniza a dor da perda; o trabalho ajuda a cicatrizar a ferida; é a vida que segue em busca de respostas. Depois a gente fala sobre isso, campeão.

— Culpa do meu pai.

— Não seja injusto — interveio minha avó.

Antes que pudesse dizer mais uma palavra, tio Wladimir entrou na sala.

Era o que faltava para o dia piorar.

Capítulo 31

Minha cabeça latejava. Era um misto de ansiedade, dor e raiva pelo fato de o meu tio ter entrado no quarto na exata hora em que eu menos queria saber da sua presença. Roberto me olhou e fez sinal para manter a calma enquanto meu tio se aproximava da cama, onde minha mãe acabara de desistir da vida. Não suportei ver o tio Wladimir ao lado dela com jeito de arrependido.

— Satisfeito agora, tio?

— Não entendi — ele respondeu balançando a cabeça.

— Olha o que vocês fizeram. Há poucos dias ela tava feliz, dentro de casa, bastou fazer parte daquele ambiente e veja no que deu.

— Você não sabe de nada. Helena assumiu o Rei da Fruta por livre e espontânea vontade; eu mesmo ofereci ajuda, ela nunca me apoiou. Agora não importa o que aconteceu ou deixou de acontecer, aliás, se você tivesse retornado assim que seu pai pediu, nada disso teria acontecido.

— Pelo amor de Deus, gente, aqui não — interferiu minha avó.

JERÔNIMO MENDES

Quis mandá-lo para o inferno outra vez, mas segurei a onda. Carregava o peso de dizer coisas sem pensar e o remorso ainda me perseguia. Comecei a imaginar em como me desfazer da empresa a fim de não me tornar a próxima vítima. Meus olhos mergulharam na mais profunda escuridão tentando se livrar daquela cena triste. Evitei chorar na frente do meu tio e encerrei a conversa por ali mesmo.

— Que droga de vida, injustiça atrás de injustiça.

— A vida é que o ela é — respondeu minha avó.

Respirei fundo.

— E agora, Roberto?

— Vamos, campeão, há muito o que fazer.

Olhei em direção à minha mãe com uma sensação irreparável de perda, diferente do que havia sentido quando meu pai se foi. Por ironia do destino, o coração dela não pulsava mais.

— Vamos, tio.

Ele permaneceu em silêncio, depois levou a mão ao rosto e começou a soluçar. Dos cinco irmãos, minha mãe e ele eram os únicos que ainda restavam. Senti vontade de abraçá-lo, porém, mal conseguia carregar a minha própria dor.

Tem coisas que apenas o tempo é capaz de ensinar, outras, porém, ninguém precisa esperar para aprender. Talvez me custasse caro adiante, fiquei com dó, mas evitei consolar o meu tio.

Puxei minha avó pelo braço e me retirei.

Antes de sair do hospital, Roberto cuidou das primeiras providências por telefone. Desnorteado, fui inundado por uma avalanche de bobagens e procurei evitar qualquer coisa que me levasse a uma decisão precipitada.

Sem saber do ocorrido, Suzana entrou em contato. Relutei em atender, entretanto, com tanta coisa acontecendo, ela não ligaria de graça, pensei.

— William, os empregados querem saber o que está havendo.

— Minha mãe não resistiu.

— Deus do céu, como assim? — ela perguntou confusa.

— É o que você acabou de ouvir, Suzana, mamãe não resistiu. Quando eu voltar, quero conversar com todos; ou eles param com essa ameaça de greve ou eu fecho esse negócio.

★★★★

A caminho de casa, minha avó tentava me consolar. Meu pai era uma pessoa boa, minha mãe era incomparável; aquilo não fazia o menor sentido.

Num surto de raiva, dei vários socos no banco do carro.

— Como é que pode isso?! Há poucos dias, estávamos conversando no sofá e agora tudo acaba assim? Droga de vida.

— As coisas acontecem — Roberto amenizou —, aceite que fica mais fácil.

— Você diz isto porque não é sua mãe — retruquei.

— Pare de falar bobagem, campeão. Minha mãe se foi há muito tempo, da pior maneira possível; lutou quatro anos contra o câncer. Cada um tem uma história, a dor alheia não cabe em nossa alma egoísta.

No portão de casa, Elvis parecia ter adivinhado o que aconteceu, corria e latia por todos os lados. Uma pequena multidão de vizinhos e conhecidos se aglomerava em torno do jardim. Meu pai tinha muitos admiradores, minha mãe não ficava atrás. De alguma forma, isto me confortava. Eu estava aprendendo a lidar com a dor; a dor precisa ser sentida.

— Espere um pouco, Roberto, quero que me leve até a empresa.

— De jeito nenhum — respondeu de forma incisiva. — Temos que cuidar do funeral da sua mãe, pelo amor de Deus, campeão.

— Vou até lá com ou sem você.

★★★★

Do lado de fora da empresa, atravessado no meio do estacionamento, o caminhão de som do sindicato agitava os empregados aos gritos de "abaixo a exploração". Exploração, pensei, era o que o pessoal fazia com a empresa depois de tudo o que meu pai passou para transformar o Rei da Fruta numa das maiores empregadoras do país. Coisa boa não devia ser, imaginei. Será que o acordo foi por água abaixo?

Antes de subir, criei coragem e caminhei em direção ao pátio. Depois de perder o que mais valorizava na vida, perder a compostura seria a coisa mais simples do mundo.

Roberto grudou em mim, acho que morria de medo que eu ainda fizesse alguma bobagem.

— Por favor, me deixe fazer o que deve ser feito.

— Vamos lá, eu te dou cobertura — disparou em tom de desconfiança.

Quando me aproximei, o burburinho diminuiu.

— O que tá acontecendo por aqui? — perguntei ao primeiro que apareceu no caminho.

— O pessoal do sindicato se plantou em frente ao portão logo na primeira hora, tá todo mundo apreensivo.

— O que foi que nós combinamos com a diretoria do sindicato?

— Por aqui tudo certo, seu William — respondeu um dos empregados com visível insatisfação. — O problema é o sindicato. Eles não têm controle sobre a turma, o senhor sabe como é isso, alguns nem sabem por que tão aqui.

— Como é seu nome?

— Thomas.

— Muito bem, Thomas, você consegue reunir os colegas aqui dentro pra gente conversar um pouco?

— O pessoal não vai concordar — respondeu baixinho.

— Minha mãe acabou de falecer — respondi a fim de sensibilizá-lo.

— Poxa, não brinca, dona Helena era boa demais da conta.

— De quanto tempo você precisa pra acomodar o pessoal aqui dentro?

— Vinte ou trinta minutos, no máximo. Preciso conversar com o pessoal do sindicato antes.

— Esqueça o sindicato. Não vim negociar, quero apenas repassar uma mensagem da minha mãe. Por favor, me ajude!

Naquele instante, tive que descer do pedestal e deixar meu orgulho de lado. Depois de um tempo, eu já conseguia pedir favor a alguém com menos poder do que eu. A reciprocidade era fundamental.

★ ★ ★ ★

Enquanto isso, subi até o escritório para avaliar o clima entre os demais.

— Meus pêsames, William — Cecília proferiu no corredor.

Não consegui segurar as lágrimas. Queria desabar em seus braços, mas me segurei; quem tomou a iniciativa foi ela.

— Como vão as coisas, Cecília? — perguntei com dificuldade.

— Daquele jeito — respondeu deslizando a mão no meu rosto —, alguns fornecedores acabaram descobrindo e ameaçam suspender o fornecimento.

— É muita coisa ao mesmo tempo, tenho vontade de sumir.

— Isso não vai ajudar em nada, William. Por que não negocia direto com os empregados como seu pai sempre fazia? Talvez eles estejam inseguros. Não prometa nada, apenas esteja presente.

— Não sou como meu pai, quantas vezes terei que repetir? Se ele estivesse vivo, eu não estaria aqui e minha mãe não teria morrido — respondi de maneira um pouco mais agressiva.

— Dá para ver que você aprendeu pouco com ele.

De volta ao pátio, alguns empregados pareciam apreensivos com a minha presença. Avistei o Nelson no meio da multidão e senti vontade de expulsá-lo dali, mas levei em conta o fato de ser o presidente do sindicato há mais de dez anos. Além do mais, ele era funcionário da empresa ou, pelo menos, fazia parte da folha de pagamento.

Esse dia vai ficar gravado na minha memória para o resto da vida.

Capítulo 32

Confesso que a presença dos membros do sindicato me intimidava, queria dar um basta naquilo que considerava uma falta de respeito com meu pai e minha mãe. Havia gente ali de muitos anos de casa e, na minha cabeça, aquilo soava pura traição. Talvez a implicância fosse comigo ou talvez estivesse sendo testado por orientação do meu tio.

Alguém providenciou um pequeno caixote reforçado de madeira para eu subir e discursar diante de todos, mas preferi ficar no solo, no mesmo nível dos empregados, para demonstrar solidariedade e ao mesmo tempo autoridade. Eu não ignorava os problemas, mas era necessário fazê-los entender o momento pelo qual a empresa passava.

Meus pensamentos me levavam ao hospital, isso me dava forças para seguir em frente. Era chegado o momento de deixar bem claro quem estava no comando e como ficariam as coisas a partir daquele instante.

Roberto permaneceu por ali, de olho em mim. Mais afastados, avistei Cecília, Júlio César, Santiago, doutor Eros e Leonardo. Minha impressão era a de que as pessoas ainda me viam como o filho do dono ao invés de alguém disposto a decidir o rumo da empresa.

JERÔNIMO MENDES

Num lampejo de reflexão, pedi ao meu pai que intercedesse por mim, a despeito de todas as nossas diferenças. As últimas palavras trocadas com ele ainda ecoavam na minha consciência: *Quem sabe um dia, quando o senhor morrer!* Era difícil controlar o que o coração sentia, pagava-se um preço por isso.

— Eu perdi as duas pessoas mais importantes da minha vida em menos de noventa dias, mas ainda não perdi a dignidade. Sei que todos vocês mantêm um profundo respeito e admiração pelos meus pais, infelizmente, eles não estão mais aqui. A partir de agora, vou me empenhar com todas as minhas forças para transformar o Rei da Fruta na melhor empresa que vocês já trabalharam. Se confiam em mim e nas pessoas que estão comigo, respeitem a minha dor, voltem ao trabalho e me deixem enterrar minha mãe em paz.

— Balela, é só isso que você tem a dizer?

Demorei um pouco para localizar a origem daquela voz que me parecia familiar. Era o tio Wladimir, infiltrado no meio da turma. No fundo, penso que ele nunca assimilou a ideia de ser empresário com um pequeno percentual da sociedade, o que já era muito para quem não fazia nada.

— O senhor tem alguma proposta?

— O dono da empresa é você — rebateu tentando me colocar em xeque diante da turma.

— Então, fique quieto — respondi sem me exaltar, embora quisesse puxá-lo pelas orelhas. — O senhor trabalha aqui há muito tempo e nunca fez nada para melhorar a situação da empresa nem dos empregados. Fica na sua, tio; a partir de agora, farei o que tem que ser feito.

— Você não sabe o que está dizendo, criatura — retrucou em voz alta. — Eu dei o meu sangue por esta empresa.

— E ganhou muito bem, tio. Mais do que merecia — rebati a fim de manter o controle da situação.

Todos os olhares se voltaram para mim, fiquei na minha e mantive a postura. Tio Wladimir saiu resmungando e me senti feliz comigo mesmo por tê-lo enfrentado diante da turma. Respirei fundo e aproveitei a deixa a fim de ganhar um pouco mais de moral com os empregados.

— Em nome dos meus pais, peço desculpas pelo comportamento do tio Wladimir. Não é esse o tipo de ambiente que desejo para o Rei da Fruta.

JERÔNIMO MENDES

Vejo aqui trabalhadores honestos, gente de bem, pessoas que começaram junto com o meu pai. Preciso de um voto de confiança; assim como a maioria de vocês, meu maior desejo é que a empresa volte a brilhar e, pra que isso aconteça, todos aqui são importantes. Agora, pela última vez, me deixem enterrar minha mãe.

Em minutos, o pátio esvaziou. Era possível ver apenas os empregados da portaria e do carregamento. Eu estava bem, consegui moderar a voz e evitar o confronto direto; era uma questão de prática e de sobrevivência.

Com relação ao tio Wladimir, nosso relacionamento caminhava em rota permanente de colisão; dois bicudos não se beijam, dizia minha avó.

Roberto se aproximou e apertou a minha mão.

— Vamos embora, campeão, seja o que Deus quiser.

— Vamos sim, Roberto, fazer o que jamais gostaria de estar fazendo.

★★★★

Logo após o discurso, alguns empregados se aproximaram e elogiaram minha postura. Agradeci e levei na boa, isso me ajudava a acreditar que estava no caminho certo. Pedi que acompanhassem a movimentação, com cuidado. Aos poucos, as coisas voltariam ao normal, pensei.

Do lado de fora do portão, nenhum sinal do caminhão. Menos um problema, imaginei, até o momento em que Nelson e outros dois membros do sindicato surgiram na minha frente. Imaginei o pior, mas consegui manter os nervos no lugar.

— Sei que hoje é um dia difícil, William, mas temos que conversar. Quero que saiba que o sindicato não tem nada a ver com tudo isso. O que combinamos está valendo, pode crer, a ideia não partiu de nós.

— Imagino, e o caminhão do sindicato em frente ao portão veio apoiar o meu discurso? — ironizei.

— Não sei dizer, mas prometo que vou descobrir — ele tentou justificar se fazendo de rogado. — O serviço de som é terceirizado.

— Quando as coisas acalmarem, a gente volta a conversar — sugeri e fui me afastando.

— Meus sentimentos, só queria que soubesse que não ficamos nem um pouco satisfeitos com o que aconteceu.

Minha coluna ameaçava travar. Vi algumas nuvens se deslocando em alta velocidade e ainda faltavam algumas providências do funeral, embora Roberto tivesse experiência nisso. Soube que foi ele quem tratou de tudo quando meu pai faleceu.

Antes de entrar no carro, perguntei aos gerentes que ali permaneceram o que pensavam de tudo isso.

— Vamos acompanhar e agir com cautela. Lidar com sindicato é sempre um desafio.

— O pessoal está desconfiado — Júlio César observou. — Sei que está com a cabeça cheia, William, mas precisamos fechar a proposta o mais rápido possível. Eles só estão calmos por causa do que aconteceu com sua mãe.

— Creio que não — rebateu Cecília. — O que William disse hoje vai fazê-los pensar. A maioria gosta de trabalhar aqui e quem conviveu com Heitor sabe o quanto isso significava para ele.

— Espero que sim, talvez a maioria não esteja nem aí.

— Vamos continuar trabalhando — Leonardo alertou, com o dedo em riste. — As coisas tendem a se agravar.

— Confio em vocês, cada um sabe o que fazer. Quando tudo isso passar, a gente vai mudar a cara da empresa.

Por fim, agradeci a todos com um aperto de mão e me retirei.

★★★★

Dentro do carro, fechei os olhos por um instante. Roberto ficou na dele. Num breve momento de introspecção, lembrei-me que havia perdido meu irmão, meu pai, minha mãe e a chance de me tornar um surfista profissional. Nada deu certo nos últimos tempos. Se ao menos tivesse ouvido os conselhos do meu pai, se ao menos tivesse convivido um pouco mais com minha mãe.

— Já tinha visto algo parecido, Roberto?

— Não entendi, campeão.

— Tanta desgraça acumulada numa única família?

— Você não é o primeiro nem será o último. É a vida...

— Deve ser castigo, sei lá, algum tipo de punição.

— Você está com o mesmo discurso da sua mãe. Não misture as coisas.

— O que é, então, Roberto?

— As coisas vêm e vão para a gente crescer, repensar a vida.

— Só queria ser feliz do meu jeito. Por mim, você sabe, teria ficado em San Francisco.

— Ninguém pode ser feliz em tudo, campeão. Tem coisas que apenas o tempo é capaz de ensinar, outras, porém, ninguém precisa esperar para aprender. Absorva e sofra menos.

— Ser infeliz em tudo também é a lei da vida?

— Quem disse que você é infeliz? Um dia no topo, outro no vale, *o que a vida quer da gente é coragem*. Não é assim que Helena dizia? Você sairá dessa ainda mais forte, acredite. Tudo na vida traz uma lição.

— Talvez.

Por volta de dezoito horas, quando entramos em casa e ainda antes de abrir a porta do carro, meu celular vibrou. Era Suzana, toda esbaforida.

— William, seu tio apareceu aqui no escritório, totalmente descontrolado. Não está dizendo coisa com coisa.

Capítulo 33

Talvez o tio Wladimir tivesse pirado de vez com a morte da minha mãe, embora eu pensasse que ele não regulava bem há tempo. Ele não tinha filhos e, desde que ficou viúvo, morava sozinho; gostava de bebericar alguns goles de uísque, daí a afinidade com o meu pai. Foi assim que ganhou a confiança dele.

— Fale devagar, Suzana — aconselhei e aproveitei para acionar o viva-voz do celular.

— Ele entrou aqui gritando — explicou, atropelando as palavras. — Disse que nenhum pirralho tem o direito de mandar ele calar a boca, que é irmão da dona e que, quando ela voltar, ele vai assumir o negócio e botar todo mundo no olho da rua.

— Já não bastam os problemas que eu tenho, Suzana?

— Não tem ninguém por aqui, William, não sei o que fazer.

— Ele deve ter bebido um pouco além da conta — Roberto comentou.

— Nunca vi seu tio desse jeito — Suzana acrescentou.

— O que você ainda tá fazendo aí, criatura?

— Ele trancou a porta da recepção, não sei como conseguiu a chave. Eu é que não vou chegar perto dele.

— Cadê o Júlio César, doutor Eros, os demais?

— Foram todos ao velório de dona Helena.

— Chame o pessoal da segurança, mande retirá-lo sem violência. Vou pedir ao Roberto que volte. Tente acalmá-lo e trate de se acalmar também.

— Meu Deus, nunca passei por isso — Suzana finalizou.

— Fique tranquilo, seu tio quer apenas descarregar a raiva em alguém — observou Roberto.

— Por favor, me ajude nisso, Roberto. Vá lá e dê um jeito nele. Se eu voltar, vou acabar me descontrolando e hoje não é dia de confusão.

★★★★

Mariana me esperava em casa com o rosto inchado. Foram anos de convivência com os meus pais. Olhei para ela um tanto desolado, cheguei mais perto e trocamos um longo abraço, precisávamos disso.

— Se quiser, pode ir com a gente até a capela.

— Tenho muito trabalho — ela respondeu, preocupada com as coisas da casa. — Amanhã cedo eu vou.

— Minha mãe ficaria desapontada se você não estivesse lá.

Minha avó havia seguido de táxi até a capela do cemitério municipal. Ela sabia lidar melhor com isso, depois de ter enterrado dois filhos. Encarava as coisas com serenidade e confiava numa força divina que ainda não cabia por inteiro no meu pensamento. Depois que meu irmão morreu, embora ainda fosse criança, perdi a confiança em Deus.

Meu celular vibrava o tempo todo, dezenas de números desconhecidos. Minha paciência para formalidades era mínima, talvez fosse um defeito. Era tanta gente ligando quando, por alguma razão, eu não queria consolo. Precisava mesmo era de paz, além do mais, enfrentaria a multidão mais tarde. Para que antecipar o sofrimento?

★★★★

Um banho quente foi suficiente para aliviar um pouco a tensão daquele dia. Ao abrir o boxe do chuveiro, escutei o celular vibrando outra vez e decidi atender.

— O Wladimir está mal, campeão. Bebeu muito, não sei como conseguiu chegar até a empresa dirigindo.

— O que você fez com ele?

— Dei uma boa chacoalhada, botei embaixo do chuveiro e fiz um café forte, por enquanto. Estou aqui no apartamento dele. Ele sabe da bobagem que fez, agora está deitado.

— Se fizer besteira outra vez, pelo menos faz dentro de casa.

— Não é bem assim e agora, também, não posso fazer mais nada.

— Você é a única pessoa com quem eu posso contar, Roberto. Faça isso pela minha mãe.

— Dá pra notar que ele anda deprimido, campeão. Acho que vai precisar de ajuda, a morte de Helena mexeu com ele.

— Já tenho os meus problemas, cada um na sua.

— Você é o único parente que ele tem por perto.

Ao descer as escadas, encontrei Mariana sentada no sofá da sala com uma fisionomia indescritível, acariciando o pelo do Elvis.

— Se quiser, pode me mandar embora, William.

— Por que eu faria isso, Mari? — perguntei com espanto.

— Essa casa nunca será a mesma sem dona Helena e você não vai mais precisar de mim.

— Bobagem, outra hora falamos sobre isso.

— Seu Heitor era um pai para mim, o pai que eu nunca tive. Foi ele quem bancou os estudos do meu filho até o segundo grau. Sua mãe nem se fala, era uma santa.

— Nem sabia que você era casada — devolvi surpreso.

— Sou mãe solteira — respondeu acanhada. — Tive um relacionamento curto com uma pessoa, o que restou foi meu filho. Passei por muitas dificuldades, comi o pão que o diabo amassou, sua mãe me acolheu e me ajudou a levantar.

— Fico feliz por você.

— Seu pai e sua mãe eram as pessoas mais generosas que conheci na vida — acrescentou enquanto uma lágrima escorria pelo seu rosto. — Não há dinheiro que pague o que fizeram por mim.

Fomos interrompidos pelo som do carro, era o Roberto.

★★★★

Havia mais gente reunida na capela do que no cemitério todo. Coroas de flores chegavam de minuto em minuto. Ao lado do caixão, minha avó fazia plantão, em silêncio, com os olhos grudados na minha mãe. As duas se davam muito bem, era natural que estivesse deprimida. Minha mãe sempre dizia que ela era sua sogra predileta, demorei a entender.

Quando me aproximei, minha avó puxou minha mão. Apertei a mão dela e fiquei contemplando o rosto da minha mãe. Era duro aceitar que estivesse ali, de olhos fechados, com menos da metade do caminho percorrido. Ela era um ano mais nova do que meu pai, merecia viver.

Ao redor, inúmeros rostos conhecidos e desconhecidos, empregados, empresários, amigos, parentes de quem eu nem lembrava mais. Santiago, Júlio César, Leonardo, doutor Eros, Suzana e Lucas conversavam no canto da sala. No lado oposto, Walter, o gerente comercial, conversava com Daniel, gerente da unidade de São Paulo. Estranhei a ausência de Cecília, talvez tivesse deixado para vir na manhã seguinte.

— Por que tem que ser assim, vó?

— É a vontade de Deus — disparou sem olhar para mim. — Não é o que lhe acontece, mas o que você faz com o que lhe acontece. O que a vida quer da gente é coragem. Isso não está em suas mãos.

Seria da vontade de Deus interromper a vida das pessoas pela metade? Custei a derrubar a primeira lágrima, mas logo desabei. Enxugava lágrima por lágrima com as mãos enquanto as palavras se repetiam no meu ouvido: meus sentimentos, meus pêsames, força, sua mãe era uma guerreira...

Tornei a pensar em Cecília e no que poderia ter acontecido para que não viesse. Roberto se aproximou para dizer algo. Pessoas e mais pessoas chegavam a todo instante, fiquei impressionado. Por parte do meu pai, ninguém mais apareceu além da minha avó.

— A capela será fechada às vinte e três horas — Roberto alertou.

— Qual é o problema?

— Normas do cemitério, campeão, por razões de segurança.

— Mamãe ficará aqui sozinha? — perguntei preocupado. — Ela pode precisar de mim — argumentei sem me dar conta do que estava dizendo.

— Ela vai ficar bem, campeão.

Vó Ana continuou por ali, vigilante até o fim, fazendo suas orações. No horário determinado, um funcionário apareceu e pediu para que deixássemos o local. Com a mão na alça do caixão, custei a me convencer.

★★★★

Na manhã seguinte, o raro céu azul de Curitiba não apagava a tristeza que sentia ao pensar que, dali a alguns instantes, minha mãe seria levada de mim com um pedaço da nossa história. A cerimônia havia sido programada para as onze da manhã, no mesmo horário em que meu pai foi enterrado.

Roberto aguardava na sala. Mariana havia arrumado a mesa como se nada tivesse acontecido, com frutas à vontade, café, leite e bolo de fubá que só ela sabia fazer. Minha avó ainda não havia descido, então, convidei

Roberto para me fazer companhia, estava sedento para trocar algumas palavras. O assunto principal foi o tio Wladimir. Elvis permaneceu ao lado da cadeira onde meu pai sentava, do começo ao fim da conversa.

— Liguei para o seu tio diversas vezes e nada.

— E daí, Roberto? — perguntei sem muito interesse.

— Estou pensando em ir até o apartamento dele antes de seguir para a capela.

— Vai ver esse infeliz morreu!

— Deixe de ser maldoso, campeão.

— A vida é complicada, Roberto. Quem merece viver vai antes do tempo, quem não merece fica por aqui incomodando.

— Não depende de mim nem de você. Vamos embora, temos um dia duro pela frente.

No meio do caminho, fomos surpreendidos por uma blitz de trânsito. Roberto tentou desviar a fila e acabou repreendido por um dos policiais, sujeito enorme, devia ter quase dois metros de altura. Fomos obrigados a estacionar. Por mim, teria chutado o balde, não pude esconder a impaciência. Mariana e vó Ana permaneceram no carro, eu desci para acompanhar o Roberto.

— Estamos atrasados, não foi por maldade — Roberto tentou argumentar, com jeito.

— Seus documentos e do carro também — ordenou o policial.

— Seu pai e sua mãe ainda estão vivos? — perguntei ao policial.

— Graças a Deus — ele respondeu com o cenho cerrado.

— Meu pai morreu há menos de três meses e, daqui a meia hora, minha mãe será sepultada.

— Está de brincadeira comigo, rapaz?

— Tem alguém com cara de feliz aqui?

Ele mal conferiu os documentos e ainda abriu caminho a fim de facilitar a passagem. O trânsito fluía devagar, havia mais carros na rua do que gente.

Em pouco mais de meia hora, chegamos ao cemitério, era o mesmo no qual meu pai havia sido enterrado; parecia a reprise de uma história triste com o mesmo cenário, os mesmos atores, o mesmo roteiro.

Na capela, dois assistentes se preparavam para lacrar o caixão. Pedi mais alguns minutos, queria contemplar minha mãe pela última vez, junto com minha avó. Havia gente por todos os lados.

— Nunca vou me perdoar por isso — resmunguei baixinho.

Mariana desabou a chorar. O Rei da Fruta compareceu em peso, menos Cecília e tio Wladimir.

— Cecília não veio? — perguntei ao pessoal da empresa.

— Esqueça Cecília — respondeu Roberto.

— Como assim?

— Ela não vem.

Foi impossível esconder a decepção.

Durante o cortejo, uma voz arrastada concentrou a atenção de todo mundo.

— O que vocês tão fazendo com minha irmã?

Capítulo 34

Se minha mãe não estivesse naquele caixão, juro que o teria enforcado e enterrado vivo no lugar dela. Roberto foi quem tomou a iniciativa de ir ao encontro dele para acalmá-lo. Tio Wladimir havia bebido outra vez, parecia sem condições de se manter em pé. O constrangimento foi total.

— Venha comigo, Wladimir — Roberto sugeriu segurando-o pelo braço.

— Quero falar com minha irmã — retrucou com a língua arrastada.

— Acalme-se, vamos conversar — insistiu Roberto.

— Quero ver minha irmã — replicou com voz chorosa.

— Você vai ver, se acalme.

— Acho melhor não, Roberto — aconselhei.

— Ele vai se comportar, certo, Wladimir?

Com auxílio de Roberto, tio Wladimir aproximou-se do caixão e apoiou as duas mãos na tampa por alguns minutos, movendo o corpo de um lado para o outro. Talvez estivesse tentando se equilibrar. Ninguém se manifestou, confesso que fiquei com pena quando o vi se aproximar do caixão e dizer:

— Descanse em paz. Vai com Deus, minha irmã!

Roberto fez sinal para que a cerimônia fosse retomada enquanto cuidava do meu tio. Eu queria sumir dali de uma vez por todas. Meus pensamentos se alternavam entre os problemas da empresa, minha mãe e o meu tio. O que aconteceu nos últimos tempos não eliminava os desafios que viriam pela frente, ao contrário, as coisas ficariam ainda mais difíceis.

Durante a caminhada até o túmulo, pensava em vender alguns imóveis para regularizar a situação, pelo menos por um período. Assim, poderia equilibrar o fluxo de caixa, fazer algumas concessões e afastar de vez a desconfiança dos fornecedores. Ninguém controla os pensamentos numa hora dessas.

Estava decidido, sairia dali direto para o escritório a fim de me reunir com doutor Eros e Cecília, avaliar a situação e colocar minha ideia em prática, nem adiantaria voltar para casa. Era melhor vender algumas propriedades do que ficar pagando juros em bancos, afinal, por que eu precisaria de tudo isso?

Durante a cerimônia final, minha avó ficou de braço dado comigo. Diante daquela cena inesquecível, lembrei-me outra vez do meu pai; agora, pelo menos, havia conseguido segurar a alça do caixão da minha mãe. Não vi Roberto nem Cecília, queria muito que ela estivesse por ali. Seria difícil perdoá-la por isso, ela era o braço direito do meu pai.

Depois da mensagem proferida pelo padre Dário, amigo da família, o caixão desaparecia lentamente, ao lado do túmulo do meu pai. Seria doloroso acompanhar até o final, então, pedi licença e me afastei para aliviar o sofrimento. O fim é muito triste, não importa a idade.

Não muito distante, permaneci de joelhos, apoiado sobre as pernas, quando uma senhora bem vestida, de cabelos grisalhos, se aproximou e colocou a mão sobre a minha cabeça. A sensação de paz foi imediata. Eu a conhecia de algum lugar.

— Lembra de mim? Estela, amiga do seu pai.

— Perdão, não reconheci a senhora.

— Fique tranquilo, sei que o momento é difícil — ela pronunciou com uma voz suave, parecia minha mãe.

— Primeiro meu pai, agora minha mãe. Devo ter feito tudo errado.

— Não está em nossas mãos, filho.

— Como vai ser daqui pra frente?

— A sociedade soube reconhecer o seu pai. Agora é a sua vez.

— Acho difícil — retruquei deixando escapar uma lágrima.

— Essa é a missão dos filhos, confie.

Aos poucos, a multidão foi dispersando. Minha avó reconheceu Estela de primeira, Roberto também. Alguns se despediram com um simples aceno, outros vieram apertar minha mão, outros nem se despediram.

Era quase uma da tarde quando Mariana sugeriu que fôssemos para casa descansar e comer alguma coisa.

— Acompanha a gente, Estela? — minha avó perguntou.

— Tenho uma imensidão de coisas para resolver no CEAB, dona Ana, e este momento é da família. Lamento muito, Helena era uma grande mulher.

— A senhora ainda trabalha? — perguntei curioso.

— Um pouco, gosto de manter a cabeça em ordem. O trabalho dignifica as pessoas, traz desafios, relacionamentos duradouros, faz a gente se sentir vivo, útil e feliz.

— Meu pai dizia a mesma coisa e acabou morrendo antes do tempo, nunca vou perdoá-lo por isso. Minha mãe também não suportou, acho que partiu infeliz.

Ela chegou mais perto, segurou minha mão e me encarou de um jeito difícil de esquecer.

— Não há o que perdoar, você tinha um bom pai. Esqueça dos defeitos, lembre-se das virtudes; todo mundo erra e estamos aqui para sair melhor do que quando chegamos. Rancor não vai trazer seu pai de volta.

Estela devia ter mais de oitenta anos e ainda trabalhava no CEAB. Por que eu reclamava tanto?

Por fim, ela se despediu e saiu caminhando devagar.

Pedi ao Roberto que me levasse direto ao Rei da Fruta, minha avó não deixou. Evitei contrariá-la e consegui convencê-la de que deveria ir mais tarde, de modo a evitar que as coisas esfriassem. Então, convidei Roberto para almoçar com a gente, embora o clima fosse pouco convidativo.

No caminho, perguntei:

— Que fim levou meu tio?

— Pedi ao Santiago que o acompanhasse até o apartamento, depois terei uma conversa com ele ao pé do ouvido.

— Tenho que dar um jeito nele, Roberto. Excluir ele da sociedade o mais rápido possível.

— Se você quer ver seu tio morrer logo, faça isso.

— Como posso deixá-lo na empresa com todos os problemas que vem me causando?

— Todo mundo passa por uma fase ruim na vida, campeão. Dê tempo ao tempo - aconselhou Roberto outra vez.

— O que ele precisa mesmo é criar vergonha na cara — acrescentei.

— Você não sabe da missa a metade.

Logo estávamos dentro de casa. Minha ansiedade foi amenizada alguns minutos depois pelo cheiro inconfundível da comida preparada por Mariana. Em menos de vinte minutos, tudo estava pronto. Queria descobrir o milagre, apesar de estar sem fome.

Durante o almoço, expliquei ao Roberto o que tinha em mente. Minha avó se limitou a comentar:

— O que você decidir, está decidido.

JERÔNIMO MENDES

★ ★ ★ ★

Em frente ao portão principal do Rei da Fruta, nenhuma viva alma testemunhava o que houve no dia anterior. Por outro lado, o pátio estava lotado de caminhões, leves e pesados; pensei ter errado de lugar.

— O que será que houve, Roberto? — perguntei com desconfiança.

— Espero que seja coisa boa.

Santiago veio ao meu encontro logo que abri a porta do carro.

— Que bom que você veio.

— O que significa esse monte de caminhões, Santiago?

— Ótimas notícias, William, o pessoal retomou o ritmo de trabalho. A maioria dos fornecedores enviou mercadorias.

— Assim, do nada? — questionei surpreso.

— Converse com Cecília, ela sabe melhor do que eu.

★ ★ ★ ★

Dentro da sede, doutor Eros me aguardava na sala de reunião, com seu jeito sempre apreensivo. Cumprimentei-o e fui direto ao ponto:

— Quero colocar à venda algumas propriedades a fim de equilibrar o fluxo de caixa e seguir adiante, doutor Eros.

— Complicado, William.

— Complicado é sim ou não?

— Os imóveis estão registrados na pessoa física do seu pai e da sua mãe. Eles eram casados em regime de comunhão universal de bens, ou seja, enquanto o inventário oficial não sair, você não pode se desfazer de nada.

— Sou o único herdeiro, pra que inventário?

— Os bens se tornam indisponíveis até a realização do inventário, é a lei.

— Quanto tempo, doutor?

— Entre noventa a cento e oitenta dias, creio que é possível ajustar tudo.

— O senhor deve estar brincando, tem que haver um jeito.

— Infelizmente não.

— Que inferno, doutor Eros. Se houver alguma forma de acelerar isso, eu quero saber.

— Algum problema grave, William? — ele perguntou com as duas mãos apoiadas sobre a mesa, antes de sair.

— A dívida da empresa explodiu — respondi de forma insegura, sem saber se devia me abrir daquela maneira. Ele era amigo do meu tio e eu não queria dar munição para ele voltar a me questionar.

— Vou ver o que posso fazer em relação ao inventário, conte comigo.

O Rei da Fruta tinha patrimônio, mas estava endividado, sem capital de giro e seria loucura assumir mais dívidas. Nunca desejei tanto que meu pai estivesse vivo como desejava naquele momento, balançando a cadeira de um lado para o outro, com os pés suspensos, como sempre fazia, provavelmente pensando numa solução.

Quem sabe um dia, quando o senhor morrer! — pensar nisso era o meu maior castigo. Era como se ele estivesse ali, do meu lado.

Logo que doutor Eros se retirou, pedi para que Suzana chamasse Cecília. Eu esperava ansioso por aquele encontro, queria entender a sua ausência no sepultamento. Ela demorou a vir, estava deslumbrante como sempre, porém séria demais.

— O que aconteceu, Cecília? Você foi a única pessoa que não foi ver minha mãe e ela gostava de você — disparei antes que se acomodasse na cadeira.

— Me perdoe, William — ela respondeu de cabeça baixa. — Nada de mais, tenho aversão a coisas deste tipo.

— Você trabalhou com ela, era uma questão de consideração. No velório do meu pai você foi, o que minha mãe tinha de diferente?

— Não estava me sentindo bem, só isso.

— Olhe pra mim, Cecília. Pode se abrir comigo.

— Outra hora a gente conversa.

— Não confia em mim?

— Preciso de um tempo.

— Se não contar logo, posso imaginar coisas.

— Hoje não, William, por favor.

Aquele mistério consumia boa parte da minha energia. Era impossível esconder a forte atração que sentia por ela, mal podia esperar o dia seguinte. O que teria acontecido para Cecília desaparecer justamente no dia do velório da minha mãe?

Capítulo 35

Sabe quando você enxerga tudo o que acontece ao seu redor sem prestar atenção em nada? Roberto deve ter falado comigo duas ou três vezes no carro, depois desistiu. Fiquei observando pela janela o vaivém frenético dos veículos enfileirados em pleno horário do *rush*.

Cecília era uma das poucas pessoas, além de Roberto, em quem aprendi a confiar e ela andava estranha comigo. Meu pai sempre falou bem dela como profissional, talvez tivesse se encantado por aqueles olhos verdes capazes de fazer qualquer homem voar longe.

— Cecília tá diferente comigo — comentei antes de chegar em casa.

— Esqueça Cecília, campeão. Ela é uma ótima profissional, isso basta.

— Tem algo estranho. Ela foi a única da equipe que não apareceu no velório nem no sepultamento da minha mãe.

— Deve ter suas razões, todo mundo tem.

— Você sabe de alguma coisa?

— Se soubesse, não diria. Não tenho esse direito.

— Eu ainda vou descobrir.

— Fica na tua, campeão. Ninguém é obrigado a dividir os problemas com os outros, respeite a vontade dela.

— Amanhã vou chamá-la de volta e falar do empréstimo. Vai ser um bom pretexto pra sondá-la outra vez, odeio saber das coisas pela metade.

★★★★

Em casa, encontrei minha avó sentada no sofá da sala, com o controle remoto na mão, de olho no programa do Chaves. Somos fãs do Bolaños e de Don Ramón, o seu Madruga. Cumprimentei-a, tirei o sapato e a meia, afrouxei o botão de cima da camisa e me sentei ao lado dela. Ficamos assistindo por um bom tempo, sem trocar uma palavra, até Mariana aparecer e anunciar que o jantar estava pronto.

Quando o programa terminou, ela abaixou o volume da tevê.

— Como foi lá na empresa hoje?

— Tudo bem, vó, um pouco cansativo.

— Você nem devia ter ido, eu avisei.

— Não tem nada a ver comigo.

— Faça isso pelo seu pai e sua mãe. É sua grande chance.

— Chance?

— De mostrar que você é capaz, de aprender a lidar com gente, com os negócios, com os problemas. Chance de amadurecer, meu neto.

— A empresa é um caos, vó.

— Peça ajuda — aconselhou sem tirar os olhos da tela. — Pense no legado do seu pai. Você é o único herdeiro, pode fazer um trabalho bonito. Tem muita gente boa por lá, delegue, confie, troque se for preciso, desafie as pessoas. O ser humano é criativo, só precisa de um empurrãozinho de vez em quando. É a única maneira de seguir em frente, aproveitando melhor o dom das pessoas.

— Quem precisa de um empurrãozinho sou eu, vó. Vamos comer alguma coisa e descansar, amanhã é outro dia.

★★★★

Depois do jantar e uma conversa agradável com vó Ana, fui direto ao escritório, em busca de alternativas para recolocar a empresa nos trilhos. Revirei as gavetas, documento por documento, procurando pistas que me ajudassem a solucionar a crise. Aqueles malditos extratos ainda permaneciam por ali, rasguei quase todos os papéis inúteis a fim de me livrar daquela má lembrança de uma vez por todas.

Na última gaveta do lado esquerdo, um envelope amarelo me chamou atenção. Dentro, encontrei uma fotografia de Cecília, de meio corpo, com uma blusa semitransparente, coisa de profissional. Como aquilo foi parar ali? Se fosse uma com mais pessoas da empresa, tudo bem, mas era a única disponível.

Segurei a foto nas mãos por um tempo. Não sei qual era a do meu pai, talvez gostasse de ficar olhando de vez em quando porque, de fato, era tentador. Pensei em procurar o Roberto e recuei, era tarde. Tentei estabelecer uma conexão entre meu pai e Cecília, porém tudo o que passou pela minha cabeça parecia sem sentido. Aos poucos, fui aprendendo a conhecê-lo melhor, mesmo discordando de muitas das suas atitudes.

Chovia muito e eu não sentia a mínima vontade de descansar. O relógio continuava na parede, porém o cuco havia sumido. Fechei os olhos para relaxar um pouco. Com as mãos entrelaçadas e os cotovelos apoiados nos braços da cadeira, permaneci em silêncio enquanto o tempo castigava minhas ideias.

O que significa essa foto de Cecília? — disparei em pensamento.

★★★★

De manhã, acordei com minha avó sentada na beira da cama. Levei um susto, mal conseguia lembrar de como fui parar ali. O envelope com a foto de Cecília permanecia sobre a cômoda. Tive receio de que ela perguntasse algo a respeito.

— Que horas são?

— Dez e meia, filho.

— Por que não me acordou antes, vó?

— Você devia estar cansado, achei melhor não incomodar.

— Roberto não apareceu?

— Apareceu, mas eu o dispensei. Agora, levante-se, Mariana está com o almoço quase pronto

— Almoço, vó, dez e meia da manhã? Tenho um monte de coisas para resolver na empresa.

Tomei o banho mais rápido da minha vida e, em seguida, engoli uma maçã às pressas, a ponto de soluçar. Nem me despedi.

★★★★

Na empresa, mal cumprimentei Suzana e entrei direto na sala. Liguei para o ramal de Cecília, mas ninguém atendeu.

— Alguma notícia de Cecília? — perguntei à Suzana por telefone, pois, até onde sabia, ela não costumava faltar ao trabalho.

— Talvez tenha ido ao médico ou algo parecido — Suzana respondeu. — Ela não anda se sentindo muito bem nos últimos tempos.

— Sem avisar?

— Cecília é muito responsável, daqui a pouco aparece.

Fiquei esperando por ela a tarde toda. Liguei diversas vezes no celular, sem êxito, e abordei alguns gerentes, entretanto, ninguém sabia de nada. O que havia por trás de tudo isso? Minha ansiedade aumentava a cada minuto.

Roberto e Júlio César entraram na sala para falar sobre o sindicato, por duas vezes seguidas. Pedi desculpas, estava difícil raciocinar, meu único desejo era ver e ouvir Cecília. Devia estar escondendo alguma coisa, pensei. Onde foi que essa mulher se meteu?

Por volta de dezesseis horas, doutor Eros apareceu. Consegui relaxar um pouco e voltar à ideia de obter um empréstimo uma vez que a empresa tinha bom nome no mercado, valia a pena tentar. O ideal seria esperar por Cecília, mas a empresa não podia parar por causa dela.

— Cecília não apareceu, doutor. Qual é a chance de conseguirmos um empréstimo junto aos bancos?

— Complicado, William. Até onde sei, os limites estão comprometidos em todos os bancos e, como disse antes, os bens da família estão indisponíveis.

— Tem que haver uma saída com tanto dinheiro em jogo, tantos imóveis.

— Saída tem, o momento é complicado. Paciência.

— Paciência, doutor?

— As coisas mudam muito rápido, William. É no andar da carruagem que as abóboras se ajeitam.

— Que carruagem, doutor? Preciso de mais velocidade.

★★★★

Roberto estava de volta pouco antes de encerrar o expediente.

— Chega por hoje, campeão?

— Alguém sabe me dizer o que houve com Cecília?

— Cecília está em casa, falei com ela hoje de manhã.

— Em casa? Por que não me disse antes?

— Você não perguntou, ora.

— Valeu, Roberto. Quer dizer que a você ela atende?

— Hoje não é o melhor dia para conversar com ela, campeão. Sua mãe acabou de ser sepultada.

— E o que minha mãe tem a ver com isso?

— Vamos embora — Roberto sugeriu. — Pare de fazer perguntas difíceis.

Diante das evasivas, retirei do meio da agenda o envelope com a foto de Cecília e atirei sobre a mesa.

— Sabe me dizer o que isto significa?

Roberto puxou o envelope, deu uma olhadinha dentro e recuou. Deve ter reconhecido Cecília. Seu constrangimento era visível.

— Complicado, campeão, não sei o que dizer.

— Sabe sim e vai me dizer agora. Caso contrário, não há mais razão pra trabalharmos juntos.

Quando terminei a frase, Cecília bateu na porta e entrou.

Capítulo 36

Meu coração acelerou e a conversa mudou de rumo. Nunca havia falado assim com o Roberto, reconheço, fui duro com ele. Mas se havia alguma coisa entre meu pai e Cecília, eu tinha o direito de saber. Seria mais difícil perdoar uma sacanagem dessas.

Dispensei o Roberto e deixei claro que voltaríamos ao assunto. Era hora de apertar Cecília e usar sua influência junto aos bancos a fim de conseguir o bendito empréstimo. O Rei da Fruta estava nas mãos dela. O envelope ficou em cima da mesa, entreaberto. Cecília percebeu e não se manifestou.

— Por onde andava, Cecília? Estamos atrás de você desde ontem, o que custava ter me avisado?

— Vamos deixar as formalidades de lado, o que tenho a dizer é difícil.

— Sente-se — sugeri enquanto me deslocava para fechar a porta da sala.

— Vim formalizar o meu pedido de demissão. Não posso continuar aqui.

— Pirou de vez? — perguntei buscando uma razão para justificar algo que parecia radical, apesar da raiva que sentia naquele momento.

— É pessoal, William.

— Tem algo a ver com isto? — perguntei empurrando o envelope devagar em direção a ela.

Cecília hesitou por um instante.

— Abra — insisti.

Ela abaixou os olhos e começou a morder os lábios.

— Então, Cecília?

— Lamento muito — respondeu com a voz embargada.

— Lamenta o quê? A morte do meu pai ou a morte da minha mãe? Se ela tivesse ido antes, talvez meu pai estivesse aqui contigo, não é mesmo?

— Por favor — rebateu em voz baixa —, não diga o que você não sabe. Foi um momento difícil, seu pai andava deprimido. Eu também estava mal, procure entender.

— E minha mãe, Cecília? Como fica minha mãe nessa história?

— Foi apenas um momento de fraqueza — justificou com os olhos cheios de lágrimas. — Seu pai confiava muito em mim.

— Imagino.

— Sem sarcasmo, William — ela rebateu com a voz mais firme. — Um dia nos encontramos no restaurante Madero. Heitor apareceu sozinho, bebemos um pouco, não pensamos em nada, aconteceu. Sempre mantive o maior respeito por sua mãe, vou carregar essa culpa pelo resto da vida.

— Que droga, Cecília — devolvi com um soco na mesa. — Você acabou de enterrar de vez a pouca admiração que sentia pelo meu pai!

Havia dito aquilo por impulso, meu pai era uma boa referência. Nunca consegui me perdoar por não ter conseguido chegar a tempo de segurar a alça do caixão dele, porém agora seria impossível resgatar o que não foi possível quando ainda era vivo. Minha mãe não merecia isto, pensei.

— Seu pai amava você — Cecília rebateu.

— Ele amava mais você do que a mim e minha mãe juntos — ironizei.

— Aconteceu, William. Infelizmente, não tenho como voltar e mudar o que houve.

— Estranho, há pouco tempo você disse que precisava do emprego, agora não precisa mais? Não há mais o que esconder, Cecília. A empresa precisa de você, embora isso não apague a decepção que vocês me causaram.

— Quero refazer minha vida — justificou. — Tenho que me preparar para o que vai acontecer a partir de agora e pretendo fazer isso sozinha.

— Sem emprego? — perguntei a fim de sensibilizá-la.

— Dou um jeito, já passei por coisas piores.

— Ninguém está mandando você embora. Espere um pouco mais, quero trocar uma ideia com a equipe.

Confesso que ainda sentia uma forte atração por ela, sem contar o fato de que era muito competente e seria uma perda lastimável. Aos poucos, aprendia a avaliar o impacto das decisões, porém, mesmo reconhecendo seu valor, meu orgulho ainda persistia.

★ ★ ★ ★

Com a ajuda de Suzana, consegui reunir os gerentes em pouco tempo, inclusive Daniel e Lucas que ainda não haviam retornado para as unidades de São Paulo e Porto Alegre, respectivamente. Roberto também estava presente, ciente de que estava em dívida comigo.

Antes de comunicar a decisão de Cecília, fiz uma exposição rápida do que tinha em mente. A ideia era preservar a equipe, pelo menos por um tempo, estimular o debate e avaliar a situação diante das poucas alternativas.

Com exceção de Walter e Lucas, todos concordaram que uma operação mais enxuta reduziria o risco de falência e daria mais credibilidade perante os bancos e fornecedores. Significava que não estávamos de braços cruzados.

Eu estava confiante, pois, bem ou mal, já conseguia me posicionar melhor perante a equipe e articular minhas convicções. Em relação ao sindicato, tudo dependeria das ações que viriam pela frente, mas, naquele momento, era o menor dos meus problemas.

— O segundo ponto é mais complicado, pessoal. Cecília pediu demissão, não quer mais ficar na empresa.

— Alguma razão específica? — doutor Eros perguntou.

— Problemas particulares. Ela pretende refazer a vida de outra maneira, disse que o ciclo dela esgotou por aqui.

— Não podemos ficar sem Cecília — Walter interveio —, ainda mais agora que a pressão está toda em cima do financeiro.

— Seria um desastre — acrescentou Santiago, gerente de operações.

— Ela sempre foi o braço direito de Heitor — Roberto observou. — Temos que convencê-la de qualquer jeito.

— O braço direito e mais um pouco — proferi sem medir as palavras.

Alguns se entreolharam. Roberto manteve a tranquilidade. Parecia que eu era o único que estava por fora de alguma coisa por ali.

— Quem vai negociar com os bancos? — tio Wladimir questionou.

— Ela está decidida, mas a empresa não pode parar por causa dela, vamos em frente.

— Os bancos não aceitarão — meu tio instigou. — Queria entender melhor, ela estava bem. O que foi que você fez, William?

— Nem vou levar esse comentário em consideração, tio.

— Calma, pessoal, eu falo com ela — Roberto amenizou.

— Ela está aguardando. Eu disse que teria essa conversa com vocês e voltaria a procurá-la.

— Vale a pena tentar. Conheço Cecília há mais tempo do que você.

Antes de chamar Cecília outra vez, dispensei os demais e fiquei sozinho com Roberto. O clima era tenso e, pela primeira vez, ele parecia desconfortável, mal conseguia me olhar.

— Você sabia de tudo, Roberto.

— É uma história complicada — respondeu de cabeça baixa.

— Pensei que fôssemos amigos. Sempre mantive enorme consideração por você desde que me levou ao primeiro dia na escola, junto com minha mãe.

— Somos amigos, campeão. Um dia você vai entender.

— Entender o quê? Você tá protegendo Cecília, eu devia colocar os dois no olho da rua.

— Se for esse o problema, eu vou embora. Minha intenção era proteger Helena, já imaginou a decepção se isso chegasse aos ouvidos dela?

Roberto tinha razão, minha mãe não poderia ter levado isso para o túmulo. Ela sempre foi apaixonada pelo meu pai, dedicou sua vida a ele, seria um desgosto e tanto.

— Nossa amizade nunca mais será a mesma.

— Não fiz por mal — disparou com os olhos fixos nos meus. — Juro por tudo o que é mais sagrado, ou você pensa que eu era conivente com isso?

— Que droga, Roberto, meu pai podia ter ido embora sem essa.

— Não julgue seu pai, campeão. Heitor era passível de falhas como todo mundo, aconteceu.

— Chega de conversa, Roberto, preciso de um tempo. Minha vontade é mandar Cecília embora hoje mesmo.

— Não faça nada por impulso. Pondere as coisas, você precisa da competência profissional dela.

— Infelizmente.

Em seguida, liguei para ela na frente do Roberto e pedi que voltasse, embora estivesse com os dois atravessados na minha garganta. Aquilo tudo me deixou confuso, era necessário manter a cabeça fria.

Em menos de cinco minutos, Cecília estava de volta com todo seu charme e beleza, era impossível ignorá-la. Foi fácil imaginar como meu pai se perdeu naquele corpanzil capaz de mexer com a libido de qualquer homem.

— Precisamos de um tempo, Cecília. Aguente um pouco mais enquanto a gente administra essa crise que você conhece melhor do que eu.

— Acho difícil, William, pois estou esperando um filho do seu pai.

Capítulo 37

Fiquei mudo, desnorteado, confuso, tudo ao mesmo tempo. Não sabia o que dizer, ou melhor, até sabia, mas a reunião poderia acabar mal e não queria me arrepender de novo. Que droga, pai, o que você foi fazer?

Roberto abaixou a cabeça, constrangido, até parecia que o filho era dele. Da minha parte, demiti-la era uma questão de honra.

— Nem brinque com isso, Cecília — disparei.

— Está falando sério? — questionou Roberto com a mão na testa.

— Você me conhece há tanto tempo, Roberto. Eu jamais brincaria com uma coisa dessas.

— Arrume suas coisas e vá embora, Cecília.

— Calma, campeão, ela está grávida. A lei não permite.

— Não importa o que diz a lei. Você quer que eu conviva com isso?

— Tudo bem, Roberto, eu já estava decidida.

— Minha mãe não merecia isso — disparei enquanto tentava reordenar as ideias.

— Você não entendeu, campeão. Cecília não pode ser demitida, pare de agir por emoção.

— E você pare de me chamar de campeão, pare de me agradar.

Cecília levantou e saiu sem dizer nada. Roberto balançou a cabeça e saiu logo atrás. Acabei ficando sozinho, perdido em meus pensamentos. Embora me esforçasse, era complicado lidar com a situação, meu orgulho atrapalhava.

★★★★

Por volta de dez horas, Júlio César pediu licença e entrou na sala. Eu estava de cabeça baixa, sentado na cadeira do meu pai, inclinado para trás e com os olhos fechados, tentando extrair algo positivo da situação.

— Não podemos demiti-la — Júlio César alertou —, a lei é muito clara.

— Dê um jeito — retruquei sem pensar em mais nada.

— Não é bem assim. Além da estabilidade durante a gravidez, mães trabalhadoras têm uma série de direitos assegurados por lei até cinco meses após o parto. Se fizer isso, pode se preparar, a indenização será pesada.

— Vocês só me trazem notícias ruins. Alguém faz uma sacanagem dessas com a minha mãe e fica por isso mesmo?

— Que sacanagem? Do que você está falando?

— Nada, Júlio César, pode ir. Depois eu penso no que fazer.

Assim que Júlio César saiu, Roberto entrou na sala outra vez.

— Que desgraça, Roberto! Além de ir embora mais cedo, meu pai ainda deixou uma bela herança pra administrar: dívidas, problemas aos montes e, como se não bastasse, um filho. E minha avó ainda gosta de repetir que família é a coisa mais importante do mundo!

— Não tenho a menor dúvida disso.

— Meu pai pensava diferente, caso contrário, teria tomado mais cuidado em vez de aprontar uma dessas. Este filho não deve nascer, Roberto.

— Nem pense nisso. Cecília jamais concordaria.

— Com uma boa grana, talvez ela mude de ideia.

— Você tem muito o que aprender, e não me refiro ao que seu pai fez ou deixou de fazer. É o seu temperamento, mais atrapalha do que ajuda.

— Qual é, Roberto?

— Olha só o que você fez com a coitada da Cecília. Demitiu a moça sem levar em conta o histórico profissional e o estado dela. Às vezes, penso que você não tem sangue nas veias, campeão, parece que a dor te deixou mais amargo.

— Não perca tempo defendendo Cecília, a menos que esteja achando tudo isso normal.

— Vou relevar seu comentário, você deve estar um pouco abalado, se sentindo sozinho. As coisas não têm sido muito favoráveis nos últimos tempos, o que acha que vai conseguir com tudo isso?

— Preservar a honra da família — respondi de impulso.

— Que honra? Seu pai não está mais aqui nem sua mãe, sua família agora é você e dona Ana Ermínia. Demitir essa moça no momento em que ela mais precisa vai ajudar em alguma coisa?

— Pare de me confundir, Roberto.

— Conversei com Cecília e sugeri que fosse para casa descansar. Ela tem o direito de ficar na empresa e, acredite, você ainda terá que buscá-la de volta. Conheço poucos profissionais na empresa tão comprometidos quanto ela.

— Tem muita gente boa no mercado, o Rei da Fruta vai sobreviver.

— Quanto tempo você imagina que alguém levará para entender como as coisas funcionam por aqui?

— Me deixe em paz, Roberto — sugeri e virei-me para o *MacBook*.

JERÔNIMO MENDES

★ ★ ★ ★

No dia seguinte, fui um dos primeiros a chegar na empresa. Nem quis esperar pelo Roberto. Fiquei com receio de contar para a minha avó e sabia que, uma hora ou outra, ela descobriria. Achava necessário prepará-la antes.

Tio Wladimir logo apareceu. Fiquei surpreso, mas mantive a calma. Com o desgaste da nossa relação e o problema de Cecília, queria evitar o embate, apesar de ter boas razões para enxotá-lo dali.

— Podemos conversar um pouco, sobrinho?

— Depende, tio, se for algo produtivo...

— Estive pensando sobre o que aconteceu: os problemas da empresa, a morte de Heitor e Helena, essa porcaria de greve e tudo mais. Chegou a hora de a gente se unir.

Meus pensamentos voaram longe. Naquele instante, ele até me parecia confiável, mesmo assim, fiquei com o pé atrás. Onde ele pretendia chegar?

— Qual é o problema, tio?

— Quero ajudar você a sair da crise e acho que ainda posso dar a minha contribuição, afinal, conheço isto aqui melhor do que ninguém. Entendo que você é o dono e vai assumir a responsabilidade de agora em diante.

— Só existe um jeito de me ajudar, tio — devolvi olhando firme para ele.

— E qual é? — perguntou com os olhos esbugalhados.

— Pare de conspirar contra mim.

— Quando foi que conspirei contra você? Pelo amor de Deus — ele disse ligeiramente exaltado.

— Não vamos entrar nesse assunto, caso contrário, nossa conversa será difícil. Sei o que andou dizendo pelos corredores da empresa e, como entrou aqui disposto a colaborar, posso passar uma borracha em tudo isso para seguirmos adiante. Você ainda pode ser muito útil desde que não conspire, afinal, é meu tio, sangue do meu sangue.

Deve ter sido duro para ele, suas pálpebras tremiam. Com o tempo, fui me encorajando a enfrentá-lo com mais serenidade embora ainda desconfiasse da sua boa vontade.

— Você tem alguma ideia capaz de reverter a situação? — ele perguntou a fim de prolongar a conversa. — Quer que eu tome a frente?

— Vou reunir o grupo agora e fazer o que tem que ser feito, antes que as coisas piorem — expliquei com o pé atrás. — Pensei melhor durante a noite, o único jeito é reduzir a operação, suspender qualquer tipo de investimento, enxugar custos e trabalhar com o mínimo possível de pessoas. Se for preciso, fecharemos as filiais pouco rentáveis; não temos que viver de aparência.

— O que foi que você disse ontem? — questionou me olhando por cima dos óculos. Fiquei incomodado, talvez estivesse testando meu poder de decisão.

— As coisas mudam, é para o bem da empresa.

— Deve existir uma solução menos traumática — ele acrescentou. — Você prometeu não demitir ninguém.

— Não dá pra esperar, tio. Se não posso me desfazer dos bens, vou lidar com as armas que tenho, caso contrário, vamos afundar. Não quero ser o responsável por isso.

— O que você decidir, terá o meu apoio — finalizou e, em pé, estendeu a mão para me cumprimentar.

Era difícil acreditar que meu tio havia se redimido em menos de um dia. Como lembrava minha avó, já tentou desentortar um bonsai? Dá um trabalho danado, mesmo assim, decidi dar a ele um voto de confiança.

— Quer me ajudar mesmo, tio? — perguntei olhando firme nos olhos dele.

— Pode contar comigo — respondeu sem pestanejar.

— Adote um discurso positivo, circule pela área operacional, aproxime-se das pessoas, fale bem das nossas intenções, transmita otimismo. Não é apenas o salário que conta; temos uma história de sucesso, isso vale muito.

— Vou fazer o possível — afirmou com certo constrangimento.

— E o impossível, tio, tenho certeza.

Tinha que admitir, eu estava feliz com aquela conversa.

O telefone tocou, era Suzana anunciando que um dos sócios do nosso maior fornecedor, Victor Hugo, queria falar comigo ao telefone. Alguém havia me alertado que o sujeito era truculento, mas, como se tratava do primeiro contato, fiquei tranquilo.

— Não fomos apresentados ainda, William, mas quero que saiba que, se Cecília for demitida, vamos suspender o fornecimento para o Rei da Fruta. Ela está grávida, mas não é incompetente.

No mesmo instante, tampei o transmissor e afastei o telefone.

— Quem foi o imbecil que ligou pra este sujeito sem autorização?

— Juro que não tenho nada a ver com isso — tio Wladimir respondeu.

— Alô, alô...

Fiz sinal com a mão para o meu tio sair da sala.

O que tem a ver uma coisa com a outra? — pensei. Como é que isso havia chegado ao ouvido dele? Era difícil segurar a língua, lembrei-me da minha avó: *pare, respire e escolha*. A reação no meu corpo foi automática, dos pés à cabeça.

— Calma, Victor Hugo, nem nos conhecemos direito. Não sei do que se trata — argumentei.

— Sabe sim — continuou o sujeito, parecia uma metralhadora. — Cecília é uma das poucas pessoas em quem a gente pode confiar nessa empresa e agora vocês querem mandar ela embora, pior ainda, grávida! Procure se informar, não tem RH nessa empresa?

— Deve haver algum equívoco — insisti. — Vou levantar o problema, depois a gente volta a conversar. Eu mesmo ligo, está bem?

— Melhor assim, somos parceiros de muitos anos, não quero desgastar a nossa boa relação comercial por bobagem. Se insistir nessa ideia descabida, vai ser péssimo para o Rei da Fruta, tenho muita influência junto aos produtores de frutas da região.

— Vou pensar a respeito — finalizei com os nervos à flor da pele.

— É melhor assim — respondeu e desligou o telefone.

Capítulo 38

Da janela da sala, o Jardim Botânico de Curitiba abrigava uma multidão de turistas em busca do melhor ângulo para fotografar azaleias, crisântemos e amores-perfeitos, além das araucárias imponentes e centenárias espelhadas no grande lago em companhia de carpas coloridas e de patos. Eu não me cansava de ver aquela paisagem.

O silêncio do ambiente foi quebrado com a chegada de Roberto, pouco antes do almoço. Apesar de tudo, ele era a única pessoa com quem eu me sentia à vontade para desabafar.

— Um dos fornecedores descobriu que tentei demitir Cecília e me disse um monte de asneiras, vê se pode.

— Cancele a demissão, campeão, deixe as coisas esfriarem.

— Como assim? E minha autoridade?

— Simples, diga que pensou melhor. Você não vai perder a autoridade por causa disso.

— Simples pra você, mas seria muita humilhação — retruquei.

— Você disse que não voltaria de San Francisco e voltou, que não queria assumir a empresa e assumiu, que demitiria o Wladimir e mudou de ideia; sempre é possível rever um ponto de vista, não tem nada de humilhante nisso. Muito pelo contrário, é sinal de amadurecimento.

— Foi a contragosto, Roberto, você sabe muito bem. Quando a gente for a San Francisco, garanto que vai querer ficar por lá.

— A demissão de Cecília também foi a contragosto, não foi?

— O que tá feito, tá feito, Roberto. Não é assim que minha vó fala?

— Deixe de ser orgulhoso, vou buscá-la depois do almoço.

Cecília era uma peça importante do processo, embora tivesse perdido o encanto por ela. Era difícil separar uma coisa da outra. Odiava a ideia de mais um irmão na família, não pelo dinheiro, juro, mas por trazer à tona uma lembrança ruim do meu pai e sua infidelidade à minha mãe.

★ ★ ★ ★

Naquele dia, senti vontade de almoçar em companhia da minha avó e não pensei duas vezes. Dispensei o Roberto e eu mesmo fui dirigindo.

Mariana havia feito uma comida simples. Entre uma garfada e outra de bife acebolado com arroz e batata frita, abri o jogo com minha avó.

— Acho que vou vender a empresa.

— Venda, faça o que achar melhor.

— Não é tão simples assim, afinal, é a empresa do meu pai. Eu gosto de lá, é a minha vida agora.

— Então, não venda, ora. Faça o negócio prosperar outra vez, você é um rapaz inteligente.

— Dá muito trabalho, vó, acredite. É tanto problema que não sei nem por onde começar, o melhor é vender mesmo.

— Então, venda e pare de reclamar.

— Caramba, vó, preciso de ajuda e não de sermão. Como é que vou me desfazer de um negócio que meu pai levou anos pra construir?

— Então, não venda.

Minha avó tinha razão: se quer vender, venda; se não quer, não venda. Tudo se resumia a escolhas e consequências, ainda que as minhas envolvessem uma decisão um tanto difícil.

Fiquei inclinado a dividir com ela o problema da gravidez de Cecília e, mais uma vez, recuei. Apesar de a vida ter lhe ensinado muito, fiquei com receio da reação dela. Com mais de oitenta anos, ela havia passado por uma emoção atrás da outra, então, decidi prolongar a minha própria agonia. Contudo, nada passava despercebido aos olhos atentos da minha avó.

— O que é que tá pegando, meu neto?

— Nada não, vó, problemas na empresa.

— Tem certeza? Pode dizer, a vó é parceira.

— Tenho que voltar, depois a gente conversa.

— Como se a vó não conhecesse você.

— Tranquilo, vó, a gente se fala.

★★★★

De volta ao Rei da Fruta, Suzana, Cecília e Roberto conversavam na antessala. Desconcertado, convidei os dois para me acompanharem, depois, ordenei à Suzana que não interrompesse.

— Essa conversa é entre vocês dois — Roberto sugeriu.

Cecília parecia mais bela do que antes, devia ser por causa da gravidez — pensei. Uma pena, poderíamos ser, no mínimo, bons amigos, mas, diante do que houve, recuperar a afinidade entre nós tornou-se um desafio.

— Estive pensando melhor, Cecília, e acho que me precipitei um pouco. Gostaria que ficasse pelo menos até o bebê nascer.

— Para você me usar de escudo diante dos credores? — ela perguntou sem titubear. — Já tomei a minha decisão.

— Sem discussão, Cecília. Mudei minha posição, quero que repense a sua. O que você queria, que eu explodisse de alegria com a notícia?

— Claro que não, William, mas não precisava me enxotar daqui. Estou na empresa há mais de dez anos, nunca dei motivos para ser tratada dessa forma. Tenho levado a empresa nas costas, negociando o tempo todo com bancos e fornecedores e, na primeira oportunidade, você me trata como se fosse um bicho de estimação que você enjoou e decidiu jogar no meio da rua. Como acha que estou me sentindo?

— E eu, Cecília, como acha que tô me sentindo? — perguntei olhando nos olhos dela. — Perdi meu irmão, meu pai, minha mãe, e ainda fico sabendo que meu pai concebeu um filho fora do casamento. O que você faria no meu lugar?

— Já disse que lamento muito - respondeu de cabeça baixa. — Chega de me justificar, aconteceu.

— Vamos esquecer isso tudo por enquanto, eu preciso de você aqui.

— Estou sem condições para decidir — comentou, em pé.

— Você sabe muito bem o que significa lidar com tudo isso — insisti.

Quando Cecília saiu, fiquei arrasado. Eu estava aprendendo a conviver com aquilo. Minhas atitudes começavam a mudar e isso me fazia feliz, mas ainda relutava em alguns pontos.

Antes de ir embora, Roberto e Júlio César apareceram e pediram alguns minutos. Mais problemas, imaginei. Depois que Cecília se foi, passei o resto da tarde analisando números e traçando planos de ação, estava cansado.

— O que foi agora? — perguntei.

— O clima na empresa está péssimo — respondeu Júlio César.

— E qual é a novidade? — ironizei.

— A saída de Cecília mexeu com o moral da turma, campeão.

— Acabei de conversar com ela, Roberto, mas não quer ceder. Não posso fazer nada.

— Temos que encontrar um jeito — interveio Júlio César —, caso contrário, os fornecedores vão incomodar.

— Não podemos ficar reféns de uma pessoa — comentei.

— Cecília tem muita influência junto aos credores — Roberto acrescentou. — Ela conquistou a confiança de todos com seu jeito profissional de tratar as questões da empresa, é muito segura de si.

— Tenho vontade de largar tudo isso e cair fora.

— É assim que você resolve as coisas? — perguntou Roberto. — Vontade é uma coisa que dá e passa, você tem responsabilidades — completou.

— O que mais você quer que eu faça? — perguntei ligeiramente irritado. — Já conversei com os empregados, negociei com o sindicato, implorei pra Cecília voltar; não dá pra fazer empréstimos, os bens estão indisponíveis, que droga de país é este que não deixa ninguém trabalhar? E vocês ainda falam mal dos Estados Unidos, lá é outro mundo, as leis funcionam.

— Calma, campeão, é apenas uma fase — amenizou Roberto.

— São três meses desde que meu pai se foi e essa maldita fase ainda continua. Onde isso vai parar?

— Não é fácil pra ninguém, campeão, não será pra você também.

— Mamãe dizia que eu era insensível em relação às coisas da família; devia ser mesmo, assim resolveria do meu jeito.

— Numa coisa ela estava certa — observou Roberto. — Seu futuro é aqui, ao lado da sua avó e das coisas que seu pai deixou. Você é o único herdeiro, tem a obrigação de preservar o legado da família.

— Ninguém é obrigado a nada, meu amigo, são apenas escolhas.

— Deixe-me falar com Cecília outra vez — ele sugeriu.

— Fique à vontade — disparei com um leve sorriso. — Você é amigo dela, talvez eu não esteja sabendo lidar com o problema.

— Sem ironia, campeão.

— Alguma notícia do sindicato, Júlio César? Está tudo muito quieto.

— Faltam menos de dez dias e nem discutimos a proposta. Pensou em alguma coisa?

— Antes, quero trazer Cecília de volta. Depois iremos nos reunir e posso compartilhar a ideia.

— O que tem em mente? — inquiriu Roberto.

— Ainda não é o momento. Por favor, Júlio César, preciso conversar com o Roberto em particular.

Roberto levantou as sobrancelhas e deu um breve suspiro.

Antes de ir embora, Suzana apareceu e perguntou se precisávamos de alguma coisa. Pedi a ela que convocasse uma reunião com os gerentes para sexta-feira de manhã, por e-mail mesmo. Depois, eu mesmo levantei e tranquei a porta.

— Não pense que eu esqueci o que você me fez.

— Já falamos sobre isso, campeão. Para que estragar nossa amizade discutindo algo que não vai nos levar a lugar algum?

— O fato é que Cecília terá um filho do meu pai e, um dia, esse bastardinho terá direito a um pedaço de tudo.

— E tem outro jeito? Se não for por livre e espontânea vontade, a coisa mais fácil do mundo é conseguir um teste de DNA e, nesse caso, a justiça decidirá da pior forma.

— Você acha justo?

— Não acho nada. Quem construiu tudo isso foi seu pai, por que esse apego? Da vida não se leva nada e até pouco tempo você vivia fora do Brasil, nem dava bola pra isso.

Alguém batia na porta.

— Deve ser o pessoal da limpeza, deixe bater — Roberto respondeu.

O toque se repetia, levantei para abrir.

Era Cecília, mal pude acreditar.

Capítulo 39

Desejava rir e chorar mesmo sem conhecer a real intenção de Cecília. Um sentimento contraditório tomava conta de mim, passei a amá-la e odiá-la por motivos antagônicos. Meu coração acelerou, cada encontro era uma incógnita, uma emoção diferente.

— Cecília, você por aqui...

— Podemos conversar um minuto? — perguntou sem ainda ter percebido a presença do Roberto na sala.

— Roberto está de saída — respondi.

— Se quiser, pode ficar — ela disparou referindo-se a ele.

— Melhor não, eu aguardo lá fora.

Minha ideia era buscar um investidor, o qual eu já tinha em mente, porém, a esperança de ter Cecília de volta para resgatar a boa relação com os credores continuava de pé.

— Sente-se, me dê uma notícia boa.

— Posso voltar, com uma condição.

— E qual é?

— Prometa que não vai tocar no assunto da gravidez, pelo menos até o fim da gestação. Já basta ter que conviver com este constrangimento, quero manter a maior isenção possível do assunto.

— Nem sei se este filho é mesmo do meu pai — disparei por impulso.

Ela levantou e correu em direção à porta, consegui segurá-la pelo braço.

— Perdão, Cecília, falei bobagem. Por favor, fique, prometo que vou me controlar, eu não devia ter dito isso.

— Nunca mais repita isto — enfatizou transtornada. — Não preciso provar nada para ninguém, por acaso estou cobrando alguma coisa?

— Será difícil ver você circulando por aqui todos os dias. O fato é que eu preciso da sua ajuda pra colocar a casa em ordem.

— Encontre outra pessoa, então.

— Calma, também não é assim, nossa relação mudou. Antes, você era apenas uma profissional da empresa, agora existe uma conexão entre nós.

— Se o problema for este, creio que não existe mais — rebateu com olhar indignado. — Vou criar meu filho sozinha sem depender de ninguém.

— Hoje você pensa dessa maneira; daqui a algum tempo, quando seu filho crescer, não se lembrará disso — arrisquei.

— Minha gravidez é de alto risco. Só estou voltando porque muita gente pode ser prejudicada.

— Posso ajudá-la, se quiser.

— Me deixe trabalhar em paz, é a melhor ajuda que você pode dar.

★★★★

Na manhã seguinte, chamei Cecília outra vez e compartilhei a ideia de abrir a sociedade para um investidor. Eu me referia aos pais de Johnny, que há muito tempo desejavam investir no Brasil. Seria uma excelente oportunidade de unir o útil ao agradável considerando a nossa boa relação em San Francisco. Havia ainda o vínculo com o desejo que pulsava dentro de mim, o surfe.

— Se existe essa possibilidade, qual é o problema? — ela perguntou.

— Eles querem cinquenta por cento da sociedade.

— Você não tem alternativa, a menos que o inventário se realize.

— Seu relacionamento com os bancos é ótimo, Cecília. Não acredito que a gente tenha ficado sem crédito depois de tantos anos de atividade.

— O problema é a garantia. Nenhum banco se arrisca a emprestar dinheiro sem garantia e o momento é delicado, o país está passando por uma crise financeira.

— Com um investidor de fora, penso que teremos fôlego para recolocar a empresa nos trilhos e aplacar os ânimos do sindicato. Podemos até incrementar os negócios em outras filiais. O que acha?

— Devagar, William, estamos no limite. Conheço bem os bancos, todo dinheiro que entrar na conta pode ser utilizado para quitar débitos em aberto. Não seria uma boa ideia; considerando o total da dívida, vai sobrar pouca coisa.

— Se tiver que me desfazer de cinquenta por cento da sociedade, não sairá negócio.

— Pare de sofrer por algo que ainda não tem — ela rebateu.

Demorei a aceitar isto; primeiro o Roberto me disse, agora Cecília.

— Quanto tempo podemos aguentar? — perguntei.

— Se conseguirmos negociar com os principais fornecedores, talvez de sessenta a noventa dias. Com os bancos é mais difícil, o crédito diminui na mesma proporção do endividamento e cada um avalia o risco. Se não há lastro nem garantia, não há credito. É assim que funciona.

— Droga, Cecília, o que meu pai faria?

— Por que não vamos até o banco juntos? É bom começar a se envolver com essas coisas.

— Não conheço ninguém. Eles confiam em você, não em mim.

— Uma coisa é sou eu falando com o gerente do banco, outra coisa é o dono da empresa se dispondo a conversar. Posso garantir que sua presença fará a diferença; o máximo que pode acontecer é a gente receber um não. Em breve, terá que conversar com os bancos, por bem ou por mal.

Achava desnecessário da parte dela falar comigo daquela maneira, mas refleti por alguns segundos. Ela falava com conhecimento de causa e, pensando melhor, nossas chances de sucesso eram de cinquenta por cento.

Eu ainda não me sentia preparado para receber uma negativa. Meu orgulho falava mais alto e era possível que despejasse um monte de bobagens, afinal, meu pai conduziu a empresa durante vinte anos engordando os cofres desses malditos banqueiros. Hoje, já consigo administrar melhor as frustrações.

— Podemos fazer isso logo depois do almoço? — perguntei.

— Sem dúvida — ela disse com um sorriso contido. — Vou confirmar a disponibilidade do gerente.

— Valeu, Cecília, valeu mesmo — disparei segurando a mão dela sem a mínima vontade de largar.

— Vai dar tudo certo, acredite — afirmou esquivando-se em seguida.

— Não quero nem imaginar algo diferente, confio em você — finalizei com certo incômodo.

Não é à toa que meu pai se encantou por ela, embora isso não lhe desse o direito de trair minha mãe, que viveu em função dele até morrer. Porém, a realidade não muda com a simples vontade, era impossível reverter o fato.

Fiquei feliz com o desfecho e, ao mesmo tempo, preocupado. Eu me sentiria bem mais seguro ao lado dela diante de um gerente de banco, algo que ainda não havia tentado.

★★★★

Ao meio-dia, Roberto estava de volta e minha reação foi automática.

— Você está me devendo — comentei, apontando o indicador.

— Vai almoçar em casa? — perguntou, desconversando.

— Escutou o que eu disse?

— Esta dívida é impagável, campeão. Quem sabe um dia possamos acertar as contas lá em cima?

— Não pretendo esperar tanto tempo — rebati.

— Nem eu tenho como pagar tão cedo — devolveu com um leve sorriso.

— Imagino.

— Chegaram a um acordo? — ele perguntou.

— Se aceitar uma coisa irreversível for entendido como um acordo, então, está feito.

— Não seja duro consigo mesmo, campeão. Existem coisas que a gente vai morrer sem entender, releve, sofra menos, concentre-se no sonho.

— Meu sonho morreu quando decidi assumir a empresa, até isso o meu pai conseguiu. Depois você ainda quer que o perdoe.

— Pare de olhar pra trás, não é fácil para ninguém. Com a ajuda da Cecília, as coisas vão melhorar.

— Que situação, Roberto, depender de alguém que entrou na minha vida da pior forma possível.

— Veja o lado bom das coisas. Bem ou mal, ela carrega um pedaço da história do seu pai, se é que isso tem algum valor para você.

Lado bom? Imaginava as pessoas fazendo chacota pelos corredores e banheiros da empresa e, por vários dias, tive que suportar a pressão da minha própria consciência hesitando em aceitar o fato.

— Tenho alternativa, Roberto?

— Se encarar com mais naturalidade, vai sofrer menos.

— Já imaginou o que acontecerá quando minha avó souber?

— Ela já passou por coisas piores, campeão, talvez você se surpreenda. Não se esqueça que ela é a mãe do seu pai e mãe é mãe.

O telefone tocou, era Cecília confirmando a reunião com o gerente do banco às quatro da tarde. Expliquei ao Roberto minha intenção e ele fez questão de me sacanear.

— Muito bom, campeão, aos poucos vai superar tudo isso e fazer melhor do que seu pai. Cecília ainda será o seu braço direito.

— Era só o que faltava. Vamos embora, tô morrendo de fome.

O elevador demorou a subir. Eu estava propenso a descer pela escada quando a porta se abriu e o doutor Eros apareceu.

— Uma notícia boa, doutor, pelo amor de Deus.

— Duas, William, uma boa e outra ruim. Pode escolher a primeira.

Podia esperar outra coisa dele?

Capítulo 40

Naquela altura dos acontecimentos, poderiam ser duas boas. Eu estava de saco cheio de notícias ruins. Olhei para o Roberto e franzi a testa enquanto doutor Eros permanecia ali, com cara de paisagem.

— Qualquer uma, doutor, vou ter que ouvir as duas mesmo.

— O inventário saiu em menos tempo do que o previsto.

— Maravilha, Roberto, agora vai! E a ruim, doutor?

— A ruim é que o inventário não contempla os direitos do seu meio-irmão, que nascerá em breve, e poderá ser contestado pelo fato de ter sido feito com a nossa conivência. Então, vai depender de Cecília.

— Droga, não se pode ser feliz em tudo — resmunguei.

— O único jeito é fazer um acordo — Roberto sugeriu.

— Como é que vou fazer um acordo com alguém que teve um caso com meu pai? — perguntei sussurrando.

— Vamos voltar para a sala, campeão.

— Amanhã a gente conversa, doutor.

— Se decidir, não demore. A correção dá trabalho — ele observou.

Na sala, Roberto tentava me convencer de que eu não poderia ignorar o que viria pela frente. Por mais que discordasse, o futuro do Rei da Fruta era mais importante e, além de tudo, Cecília tinha seus direitos.

Saí da empresa me sentindo o maior dos imbecis, prestes a fazer um acordo com o inimigo.

★★★★

Na manhã seguinte, decidi ficar em casa. Passei a maior parte do tempo no escritório, porém, antes, pedi à Mariana para não ser incomodado e tranquei a porta. Estava sem a mínima vontade de trabalhar.

Na hora do almoço, passei a comer mais rápido do que o normal, em silêncio, e minha avó deve ter percebido que algo estava errado. Talvez fosse o momento de abrir o jogo, ela tinha sempre uma carta na manga.

O dia estava gelado. Mariana havia preparado um delicioso caldo verde, sabia que eu adorava. A ansiedade me fez repetir o prato duas vezes em menos de dez minutos.

— O que houve, criatura de Deus? — minha avó perguntou antes de partir um pedaço de pão com as mãos.

— Nada não, vó, tudo certo.

— Sei, e por que essa tristeza?

— Coisas da empresa, problemas em cima de problemas.

— Quem sabe posso ajudar? Não entendo de negócios, mas entendo um pouco da vida.

Minha avó se esforçava nos conselhos, dentro das suas limitações, é óbvio, afinal, ela completaria oitenta e dois anos. Por mim, ela ainda viveria muito tempo, sua companhia me fazia bem e, além do mais, já havia quitado todos os pecados na Terra. Nem precisava mais trabalhar duro em prol da igreja do bairro quase todos os dias, como sempre fazia.

— Cecília está grávida, vó.

— Aquela moça bonita que era assistente do seu pai?

— Ela mesma, grávida de quatro meses.

— Bom pra ela, mas o que isto tem a ver com você? O filho é seu?

— Claro que não, vó, mas tem a ver com a nossa família.

— Como assim? — perguntou com os olhos arregalados.

— Ela vai ter um filho do meu pai, do seu filho Heitor.

— Jesus amado! Como é que isso foi acontecer?

— Imagine, vó — respondi de maneira sarcástica.

— O que está feito, está feito, agora é pôr a cabeça no lugar e resolver isso da melhor forma possível.

— O que meu pai fez é imperdoável.

— Talvez sim, talvez não — respondeu levantando as sobrancelhas. — Heitor não está mais aqui para se defender nem se arrepender.

— A senhora acha certo isso?

— Claro que não, meu neto, mas os erros são tão importantes quanto os acertos. Você ainda é novo, não encha o coração de mágoa. Siga sua vida, cada um tem sua história.

— Fácil dizer, vó.

— Escolhas, meu neto, escolhas. Tudo tem um preço.

— Que droga, vó, não precisávamos de nada disso.

Conversamos por mais de uma hora na mesa tentando confortar um ao outro e discutindo uma saída para a questão do inventário. Depois de abrir o jogo, fiquei aliviado. O fardo era pesado demais, embora minha avó não merecesse algo parecido naquela idade. O golpe foi duro. No caso dela, imagino que tenha sido ainda pior, mas ela era forte e, raramente, se deixava abater. A experiência anda de mãos dadas com a sabedoria.

JERÔNIMO MENDES

Talvez Roberto estivesse com razão: *o tempo não cura, mas ameniza a dor da perda; o trabalho ajuda a cicatrizar a ferida; é a vida que segue em busca de respostas.* O trabalho não é o fim do mundo, pensei, já o perdão...

★★★★

Assim que retornei para a empresa, liguei direto para o ramal de Cecília e pedi que viesse até minha sala. Quando entrou, notei que sua barriga começava a ficar saliente, em breve todo mundo saberia. Era difícil imaginar até que ponto aquilo teria impacto na reputação da família. Eu começava a tomar consciência do que significa ser um empresário, sujeito a críticas e responsabilidades. Há desafios em todos os lugares.

— Quero conversar um pouco contigo antes de irmos ao banco e serei direto, pois não temos mais o que esconder um do outro.

— Não faça cerimônia — ela disse olhando firme nos meus olhos, a ponto de me deixar encabulado.

— O inventário ficou pronto, sem considerar a questão do seu filho.

— Você já sabe o que eu penso — respondeu com indiferença.

— Precisamos fazer um acordo a fim de evitar problemas no futuro. Será bom para os dois lados.

— Você precisa, não eu — rebateu de forma ríspida. — Eu disse que não quero nada da sua família, já lhe causei bastante aborrecimento.

— Não diga bobagem. Apesar de tudo, eu jamais conseguiria prejudicá-la, acredite em mim.

— Qual é o problema, então?

— Tenho que seguir com o inventário, desde que você concorde, é claro. Posso deixar um documento registrado em cartório com o testemunho do doutor Eros, do Roberto e de mais alguém que você indicar. Eu me comprometo a respeitar todos os direitos do seu filho, conforme manda a lei.

— Se levar adiante, já estará desrespeitando — observou com razão.

— Por isso estamos conversando. Temos que vender alguns bens, caso contrário, você sabe melhor do que eu, a empresa não vai aguentar. Se der tudo certo, seu filho também sairá ganhando.

— Preciso consultar um advogado — ela insinuou.

— Qualquer advogado vai travar o processo. Há pouco você não queria nada de mim e agora quer consultar um advogado?

— Questão de precaução — respondeu seca.

— Você acha que eu tô aqui me humilhando e implorando pra quê? Pra vender os bens e mandar dinheiro pra Suíça? Você faz ideia do quanto isso tá me custando?

— Não acho nada, William, mas vou ajudar você por uma única razão: as pessoas aqui precisam do emprego.

— O que foi que eu fiz? — perguntei meio sem jeito.

— Ainda não engoli as ofensas da nossa última conversa ou você acha que tenho sangue de barata?

— Já pedi desculpas — respondi com uma ligeira ponta de remorso.

— E continua desconfiando de mim.

— O que você faria se estivesse no meu lugar, Cecília?

— Uma coisa pode ter certeza: seria menos imatura e mais responsável. A vida me ensinou muito, William, bem mais do que você imagina. Mesmo assim, ainda cometo erros e, por isso, procuro avaliar melhor as coisas e praticar o senso de justiça. Odeio julgar e rotular as pessoas. Quando não consigo perdoar, tento ser feliz de outra maneira e procuro manter a minha integridade, acima de tudo.

— Quer dizer que eu sou imaturo?

— Olha o que você está fazendo, levando tudo a ferro e fogo, tratando as pessoas como se fossem bichos. Você acabou de chegar, perdeu o pai, perdeu a mãe, será que não aprendeu nada com isso?

— Vai levar tempo até esquecer tudo isso, se é que um dia vai acontecer.

— Pense como quiser, nunca vai entender.

— Entendi muito bem, você e meu pai tiveram um dia ruim e nada como uma boa hidromassagem para relaxar a tensão.

— Sabe de uma coisa, William? Já que você sabe de tudo, pode se virar sozinho com o banco, esqueça o que eu disse.

— Vai apelar agora?

— Quem está apelando é você. Parece um moleque mimado que acabou de ganhar um brinquedo valioso e não faz a mínima ideia do que fazer com ele, mas uma coisa é muito clara para mim...

Cecília disse aquilo e ficou olhando nos meus olhos. Lembrei-me da minha mãe me empurrando contra a parede com um simples olhar.

— Você ainda tem que lamber muito chão até chegar aos pés do seu pai, são anos-luz de diferença! Você não merece ajuda.

— Calma, Cecília, vamos conversar — amenizei.

— Não há mais o que conversar — disparou e saiu batendo a porta.

Ela precisava do emprego, pensei, embora nada me tirasse da cabeça que havia feito aquilo de caso pensado. Era difícil perdoá-la, por consideração à minha mãe. Quanto ao meu pai, talvez o tempo apagasse a ferida.

Capítulo 41

Eu tinha uma boa noção da gravidade da situação e estudava a fundo os pontos críticos do negócio a fim de enfrentar o problema com mais segurança. Entretanto, sem Cecília, o resultado da reunião no banco seria imprevisível. Por duas vezes hesitei em procurá-la, minha consciência insistia.

Com meu orgulho ferido, decidi enfrentar o gerente do banco sozinho. Antes de sair, disse a Suzana que resolveria um problema particular, bobagem de minha parte. A sorte estava lançada.

Cheguei ao banco faltando cinco minutos para o encerramento do expediente e tive que argumentar com o vigilante pouco preocupado com o meu problema. Aguardei impaciente a autorização do gerente em meio aos olhares constrangedores de clientes na mesma situação. Se o Rei da Fruta estivesse em melhores condições financeiras, tudo seria diferente, não valia a pena sofrer por pouca coisa. Não demorou muito, uma assistente apareceu e me colocou para dentro da agência.

JERÔNIMO MENDES

Luiz Antônio, gerente da conta, estendeu a mão para me cumprimentar com o mesmo sorriso com o qual recebia a mim e ao meu pai por muitos anos; a afinidade foi imediata.

— Cecília não pôde vir? — foi a primeira pergunta que ele me fez.

— Ela teve um pequeno contratempo. Decidi vir sozinho, queria cumprir a agenda e aproveitar a oportunidade, afinal, seu tempo é escasso e a situação da empresa é complicada.

— Falei com ela hoje de manhã — comentou o gerente. — Disse que eu poderia atendê-lo considerando o seu esforço para sanear a empresa e retomar o crescimento do Rei da Fruta.

Tem algo errado, pensei. Espertinha ela, preparou o terreno para fazer média comigo ou estava tentando mesmo me ajudar?

— Que fique bem claro, eu sou o dono da empresa.

— Okay, estávamos acostumados a tratar com ela, mas vamos lá.

— Agora é comigo, Luiz Antônio — disparei com olhar sério.

— Seu pai era um sujeito fantástico — desconversou o gerente. — A cada vez que vinha aqui, a gente dava muita risada. Ele sempre falava de você e do seu irmão com lágrimas nos olhos.

Fiquei com receio de dizer a ele o quanto estávamos distantes e lembrei-me daquela maldita frase, pronunciada durante a última conversa que tivemos: *Quem sabe um dia, quando você morrer!* E eu ali, diante do gerente, no mesmo lugar em que meu pai sentava.

Mais uma vez, tive que engolir meu orgulho, sem esquecer que meu pai nunca apoiou minhas escolhas. Ele não estava mais aqui para ajustarmos as contas nem haveria mais a oportunidade de perdoá-lo.

— Quais são as chances de aumentar o nosso limite de crédito ou, então, de renegociar a nossa dívida? — perguntei sem medo.

— Complicado — ele respondeu com as mãos apoiadas sobre a mesa. — A menos que a empresa apresente garantias reais, não há muito o que fazer.

— Depois de tantos anos trabalhando com o banco? — apelei.

— William, o banco tem regras — respondeu o gerente com frieza.

— Mas tudo é possível desde que não comprometa a capacidade de pagamento da empresa nem a nossa perspectiva de recebimento.

A situação mais incômoda de um empresário é ficar frente a frente com um gerente de banco em condição de desvantagem. Bem afirmava Timmons, amigo de San Francisco: *a felicidade é um fluxo de caixa positivo*.

— O Rei da Fruta não tem apresentado histórico confiável nos últimos tempos — ele continuou me massacrando. — Já fizemos mais do que a política do banco permite, meu emprego está em jogo.

— Sei de tudo isso, mas o histórico também diz que já passamos por situações semelhantes e nunca deixamos de honrar nossos compromissos. Além do mais, a empresa tem patrimônio.

— O patrimônio está comprometido, temos acompanhado mês a mês.

— Estamos trabalhando muito, posso garantir — respondi em tom suave. — Tomamos várias medidas para reduzir custos, investimos em equipamentos, mudamos o discurso, renegociamos contratos, ainda há muito por fazer.

Pensei em contar a ele sobre o inventário. Por um lado, isso levantaria a possibilidade de vender alguns bens, fazer frente aos compromissos de curto prazo e disponibilizar outros como garantia para o aumento do crédito; por outro, fiquei com receio de antecipar a notícia e não conseguir cumprir com a palavra. E se Cecília voltasse atrás e reivindicasse a parte do filho? Teria que abrir a informação e considerar a hipótese do inventário se arrastar por mais tempo do que o previsto, isso mudaria tudo.

— Seu pai era um homem sério — discorreu Luiz Antônio —, honrava seus compromissos. Difícil acreditar que o Rei da Fruta chegou a esse ponto. Coloque-se no meu lugar, você daria mais crédito para alguém na mesma situação?

— O banco vive disso, todo negócio tem riscos. A empresa entrou no vermelho há mais de dois anos, meu pai faleceu há pouco mais de dois meses, então, tem algo errado. Por que não levam em conta o histórico da empresa?

— Existe alguma possibilidade de você quitar a dívida ou parte dela, pelo menos por um período?

Fiquei em dúvida se falava sério ou se tirava onda comigo considerando a situação crítica da empresa. Será que havia feito essa mesma pergunta ao meu pai? Era difícil entender como meu pai havia conseguido levar a empresa dessa maneira nos últimos dois anos, com crédito e tudo.

— Como vou quitar a dívida se o inventário ainda não saiu? — perguntei tentando conter a irritação.

— Vamos fazer o seguinte — propôs o gerente, menos aberto do que no início —, quero avaliar melhor a situação e discutir o assunto com a diretoria. Não posso fazer mais nada por aqui e, como você mesmo disse, com o histórico da empresa, quem sabe encontremos uma alternativa?

— Tenho planos para o Rei da Fruta, preciso de fôlego. Quando voltei dos Estados Unidos, a situação era crítica e hoje posso dizer que está controlada. O fluxo de caixa é prioridade, o que preocupa é o custo financeiro e a rolagem da dívida; por mim, não estaria aqui mendigando a compreensão do banco, mas não tenho escolha.

— Sempre temos escolha — ele rebateu, com ar de compaixão.

— Concordo, Luiz Antônio. Quem ficou aqui, de frente pra você inúmeras vezes, já fez a escolha errada.

— Talvez — finalizou com um sorriso infame.

Foi uma experiência e tanto, juro. Aos poucos, estava perdendo o medo de negociar e fiquei surpreso comigo mesmo. Fora do banco, eu suava frio, feliz por ter conseguido enfrentar a situação sem a ajuda de Cecília, apesar de ter saído de lá do mesmo jeito que entrei.

★★★★

Em casa, encontrei minha avó sentada no sofá da sala com o livro do Khalil Gibran na mão, O Profeta.

— De onde a senhora tirou isso, vó? — perguntei. Fazia tempo que não via o livro, que era do meu pai.

— Achei no escritório — respondeu com brilho nos olhos —, estou quase no fim. A gente lê numa sentada.

— Sabia que foi um presente de Estela?

— Descobri quando abri o livro, tem uma dedicatória no começo: "Para o pequeno Heitor, grande homem e futuro empreendedor. Com carinho, Estela" — ela leu emocionada. Depois, voltou a me encarar e perguntou com interesse:

— Como foi a reunião lá no banco?

— Melhor do que imaginava, pelo menos saí vivo — respondi com o intuito de descontraí-la.

— E a conversa com Cecília?

— Difícil, é esperar pra ver. Talvez eu esteja sendo duro demais comigo mesmo, na minha maneira de ver as coisas. Não sei, fiz o que pude, as pessoas são complicadas.

— As coisas são o que são, William, temos que aprender a conviver com isso, na vida e nos negócios.

— Fácil falar, vó, duro é aceitar tudo isso como se fosse a coisa mais natural do mundo.

★★★★

De manhã cedo, depois de passar outra noite acordado no escritório em meio à tortura dos meus pensamentos, tomei um banho demorado e vesti a melhor roupa que encontrei. Se o banco continuar irredutível, pensei, vou seguir em frente com o inventário, ignorando Cecília ou deixando de lado aquele meu orgulho imbecil.

Quando girei a chave da porta da sala, Mariana me abordou, faltando cinco minutos para as sete.

— Bom dia, William, o café tá na mesa.

— Tenho que ir, Mariana, hoje vai ser um dia daqueles.

— Acabei de tirar um bolo de cenoura do forno.

Aquilo foi golpe baixo, impossível resistir.

Minha avó ainda dormia e Mariana permanecia ali, encostada na lateral da geladeira, enrolando para dizer alguma coisa enquanto eu degustava uma xícara de café com leite com um pedaço de bolo.

— Sabia que eu vou me casar, William, de papel passado e tudo?

— Quem é o felizardo?

— O nome dele é Everaldo, ele trabalha lá no Rei da Fruta — respondeu com todos os dentes à mostra.

— Aquele da manutenção?

— Ele mesmo.

Que bicho esperto, pensei. Dia desses, pedi ao Roberto que fosse em casa buscar minha avó para levá-la ao médico e, por alguma razão, ele mandou o Everaldo no lugar dele. O sujeito não perdeu tempo. O importante é que Mariana estava feliz.

Elvis ficou por ali ouvindo a conversa.

— Espero que dê certo. Você merece, Mari — levantei e acelerei o passo em direção à garagem.

Ao girar a chave na ignição, ouvi o toque de uma mensagem no celular. Era Cecília. A essa hora da manhã?

"O gerente do banco ligou, precisamos conversar na primeira hora".

Capítulo 42

O telefone vibrou. Pensei em não atender, ainda estava me recuperando do susto, mas, como as ligações eram raras naquela hora da manhã, decidi dar uma chance.

— Roberto?

— Não tenho boas notícias, campeão,

— Do que você tá falando?

— O parto foi complicado, ela não está nada bem.

— Que parto, criatura, ela quem? Fala direito.

— A gravidez era de alto risco, os médicos estão tentando de tudo.

— Cecília?

— Ela está na UTI, campeão, entre a vida e a morte. Acho melhor você ir direto ao hospital.

— Acabei de levantar, Roberto. Tenho uma reunião com os investidores daqui a pouco.

— Esqueça isso — sugeriu enfático. — Mande Suzana contornar, a menos que você não esteja nem aí.

— Não é bem assim, Roberto, eles vieram dos Estados Unidos somente para isso. E você bem sabe que, nos últimos tempos, Cecília e eu conversamos apenas o necessário.

— A vida dela está em jogo, não é hora de ficar remoendo o passado — insistiu Roberto. — Ela trabalha direto contigo, campeão.

— E o bebê, o que aconteceu com o bebê? — perguntei.

— Estão bem — respondeu e desligou o telefone sem se despedir.

Estão bem!? Roberto devia estar atordoado, não dizia coisa com coisa. Não aprendi a ter mágoa dele, muito pelo contrário, o convívio diário, entre idas e vindas, aproximou-nos ainda mais. De alguma forma, ele supria a ausência do meu pai, aquele que eu sempre quis ter e é difícil de ser.

★★★★

Faz quase seis meses que Cecília e eu tivemos uma conversa definitiva, desde o dia em que nos reunimos para discutir o uso do limite de crédito adicional concedido pelo banco. Só eu sei o quanto me custou relevar a situação, tendo que conviver todos os dias com a amante do meu pai, sabendo que minha mãe o defendia como se fosse o homem mais puro da face da Terra.

— Aconteceu alguma coisa? — vó Ana perguntou antes mesmo de me ver pisar o último degrau da escada.

— Cecília foi parar na UTI, vó — respondi ajeitando a camisa por dentro da calça. — Era só o que faltava, outra morte na minha vida.

— Não diga bobagem, Cecília é forte — minha avó repreendeu. — Espere um pouco, vou contigo ao hospital.

— Melhor não, vai ter muita gente lá. Talvez nem deixem a gente entrar.

— Vou pedir a Nossa Senhora que interceda por ela — finalizou.

Fiquei dividido entre dar atenção aos norte-americanos ou seguir para o hospital. Cecília merecia minha atenção, havia uma conexão entre nós e era impossível ignorá-la.

Com tudo o que aconteceu, a raiva foi deslocada para o segundo plano, afinal, onde isso me levaria? Por que nossas diferenças haveriam de se sobrepor ao bem-estar de Cecília e do bebê ou ao futuro da empresa?

Durante o trajeto até o hospital, tentei vários contatos com Júlio César, mas o celular só caía na caixa postal. O mesmo aconteceu com Suzana. O dia começou tenso, minha cervical incomodava ao extremo, não conseguia falar com ninguém.

Meus pensamentos fervilhavam. E se Cecília morresse ou entrasse em coma e, sei lá, nunca mais voltasse? Nos últimos meses, eu e ela tivemos vários embates, apesar do seu estado. O receio de perder minha autoridade era grande, porém reconheço que Cecília era competente, ela sabia muito bem o que estava fazendo.

Droga! É difícil amadurecer.

No hospital, encontrei boa parte da equipe reunida no corredor, do lado de fora da UTI. Pouco tempo depois, apareceram o Walter e o doutor Eros, acabamos fazendo uma reunião por ali mesmo.

— Por que ninguém atendia ao telefone? — perguntei com voz alterada, olhando em direção a Suzana e, depois, ao Roberto.

— Calma, rapaz, todos estão com os nervos à flor da pele — observou, visivelmente abatido. Roberto nunca havia me chamado de rapaz, o desconforto era nítido.

— E Cecília? — perguntei.

— Nada ainda — Leonardo respondeu.

— Como é que pode isso? Ontem estava tudo bem.

— Cecília escondia alguma coisa — Roberto comentou.

— Como assim? — perguntei surpreso.

— Ela não andava bem de saúde, acho que forçou a barra.

— Preciso falar com ela, Roberto — murmurei em voz baixa.

— Nem vou tentar, se estivesse no quarto seria mais fácil.

— Como foi o processo de demissão do Daniel? — perguntei ao Júlio César que havia acabado de voltar desta missão inglória em São Paulo.

— Complicado, William, ouvi bastante, mas ele acabou aceitando. Disse que já esperava por isso há algum tempo.

— Melhor assim, não se pode mais admitir problemas de relacionamento e mau desempenho ao mesmo tempo. Acho que passou o tempo dele - comentei sob os olhares apreensivos dos demais.

— Vamos esperar pelo próximo — Walter ironizou.

Tentei fazer de conta que não ouvi. Só haveria o próximo se as coisas piorassem. As pessoas se demitem sozinhas, as empresas apenas formalizam, sempre haverá espaço para quem consegue caminhar um quilômetro extra.

— E a transferência do Lucas?

— Tudo certo — Leonardo respondeu —, ele se muda até o fim do mês.

— Que bom — acrescentei a fim de amenizar. — Lucas é mais centrado, podemos contar com ele sem medo e, embora seja peça fundamental lá no sul, será bem mais útil em São Paulo.

— E como fica a situação de Porto Alegre? — Roberto perguntou.

— Temos um substituto — comuniquei em primeira mão. — O Blume, de Canoas, sujeito simples, acostumado a falar a língua do cliente, está com a gente há muito tempo e merece uma chance. Prefiro acreditar nas pessoas que já estão na empresa e o mercado gaúcho tem características próprias, portanto, quanto maior a identidade com o cliente, melhor para o negócio.

— É isso mesmo, campeão.

— Temos mais um problema — acrescentei. — Santiago pediu demissão, recebeu uma nova proposta de trabalho.

— Como assim? — perguntou doutor Eros, seu melhor amigo. — Ele nunca me disse nada, ao contrário, ele gosta daqui. Deixe que eu converso com ele.

— Esquece — respondi com ênfase. — Se não está feliz aqui, que seja feliz em outro lugar. Vai ganhar mais do que o dobro, sorte pra ele.

— Santiago é uma peça-chave.

— Ninguém é insubstituível, doutor Eros — respondi de imediato. — Vinícius vai dar conta do recado.

— Aquele rapaz escurinho da expedição?

— Qual é o problema com os escurinhos? — Roberto perguntou com um sorriso sarcástico. — São incompetentes?

— Não distorça minhas palavras, Roberto. Estou surpreso, só isso.

— Surpreso porque é escurinho ou porque será o primeiro escurinho a assumir um cargo de liderança no Rei da Fruta? — perguntei de modo a colocá-lo contra a parede diante dos demais.

— Não está mais aqui quem falou, vamos torcer — rebateu e se calou.

— Vou corrigir essa injustiça. No que depender de mim, não quero saber de cor, de credo nem de opção sexual; quero saber se dá conta do recado, se a formação é compatível com o cargo, se tem experiência, se sabe lidar com gente, resolver problemas e, acima de tudo, se tem atitude. Todo o resto é secundário.

— O Wladimir vai torcer o nariz — afirmou Júlio César, sabendo que meu tio alimentava certa implicância com pessoas de cor escura em razão da sua própria história; ele havia sido maltratado por uma família de negros na infância, ficou o rótulo.

— Deixe que eu me entendo com ele, a decisão já foi tomada — respondi em alto e bom som de modo a deixar claro o que pensava a respeito.

— Assino embaixo — devolveu Júlio César.

Tio Wladimir não apareceu no hospital, aliás, ele andava um pouco afastado depois da nossa última discussão, há dois meses. Estava decidido a tirá-lo da sociedade na próxima vez em que ele ousasse me afrontar. De minha parte, prevaleceria o futuro da empresa em vez da relação familiar, porém, tinha que admitir, não era tão simples assim.

JERÔNIMO MENDES

Uma coisa que aprendi com o meu pai foi lavar a roupa suja dentro de casa, por isso, detestava que as pessoas conspirassem contra mim perante os clientes e fornecedores. Meu tio deve ter caído em si, afinal, precisávamos um do outro. Foi ele quem apaziguou os ânimos da turma durante a parte mais difícil da negociação com o sindicato, depois daquela nossa última discussão. Devo isso a ele, reconheço. Apesar do desgaste na relação, penso que encontramos o ponto de equilíbrio necessário para a boa convivência na empresa.

Nenhuma viva alma aparecia naquele corredor. Minha preocupação era os norte-americanos, eu era o único na empresa com inglês fluente, mas pensar em Cecília era mais forte do que tudo e acabei deixando os investidores de lado. Eu só queria uma chance de abraçá-la e dizer que, apesar de tudo, ela era importante para mim. Cecília fez muito mais por mim nos últimos seis meses do que havia feito pelo meu pai nos últimos doze anos de empresa.

Nos últimos tempos, Cecília e eu passamos por momentos críticos, enfrentamos muita pressão, cortamos despesas, intensificamos o sistema de telemarketing ativo, renegociamos dívidas, vendemos imóveis da empresa para reforçar o caixa, terceirizamos a frota de veículos, implantamos um programa arrojado de participação de lucros e ainda contratamos uma empresa para recriar a logomarca do Rei da Fruta. Ela era incansável, confesso que aprendi muito.

Por um instante, afastei-me do grupo e me aproximei da janela, o sol ardia lá fora, porém não brilhava com a mesma intensidade. Um pequeno avião nos céus de Curitiba me fez lembrar do meu pai. Meus olhos transbordaram.

Roberto se aproximou e encostou a mão no meu ombro.

— Posso adivinhar o que está pensando, campeão.

— O mundo não é justo, Roberto, não mesmo.

— Quantas vezes eu pedi para você se aproximar dela? Todo mundo tem o direito de ficar com raiva, mas isso não nos dá o direito de sermos cruéis e você foi cruel em muitos aspectos, campeão. Falamos sobre isso outra hora, agora vamos aguardar o médico e torcer.

— Estou me sentindo um lixo, Roberto. Droga, nunca desejei mal a ela.

— Sabe que dia é hoje, campeão?

— Não tenho a menor ideia.

— Faz treze anos que seu irmão nos deixou.

— Eu sentia, alguma coisa estava incomodando aqui dentro — respondi batendo a mão no peito e tentando não associar aquele dia fatídico ao problema de Cecília.

Minutos depois, o obstetra apareceu e perguntou se éramos parentes. O ambiente emudeceu por um instante.

— Cecília é nossa colega de trabalho — antecipou o Roberto. — Ela não tem parentes, é filha única e os pais morreram quando ainda era pequena. Ela foi criada por uma tia já falecida, em Lagoa, interior do Estado.

Ninguém conhece as pessoas como elas realmente são, fiquei chocado, paralisado por um remorso repentino.

— Infelizmente, não pudemos salvá-la. Lamento muito.

— E as crianças, doutor? — Roberto emendou.

— Os gêmeos estão bem, nasceram saudáveis.

— Gêmeos? — perguntei desconfiado, era muita coincidência.

— Sim, ela deu à luz a dois meninos.

Foi impossível esconder a emoção e a dor. Era como se uma espada tivesse atravessado o meu corpo, de norte a sul, e eu ainda estivesse de pé.

— Quem de vocês é William? — perguntou o médico enquanto retirava do bolso um pedaço de papel.

— Sou eu — respondi em voz baixa.

— Ela lhe deixou um bilhete antes de seguir para a mesa de cirurgia. Escreveu com dificuldades, foi difícil segurá-la.

Tomei aquele bilhete em minhas mãos como se esperasse a mensagem de alguém que eu estimava muito e não via há anos. Meu orgulho fora atropelado por uma torrente de lágrimas.

JERÔNIMO MENDES

"Perdoe-me, William, eu sempre quis o seu bem, juro por tudo o que é mais sagrado. Não tenho ninguém, você é a única pessoa com quem eu posso contar. Se alguma coisa de mal acontecer comigo, pelo amor de Deus, cuide dos meus filhos, eles não têm culpa... Com carinho... Cecília."

Num dia imperfeito de primavera, fiquei sem ânimo para o trabalho. Pedi ao Roberto e ao doutor Eros que tomassem as providências junto ao hospital e voltei para casa arrasado. Por que as pessoas que mais amamos são tiradas da gente quando menos esperamos?

Ao abrir o portão, avistei minha avó no jardim, regando os jasmins que ela mesma havia plantado há algum tempo. Ao sair do carro, ela se aproximou, abriu os braços e me acolheu.

— Tem coisas que apenas o tempo é capaz de ensinar; outras, porém, ninguém precisa esperar pra aprender. "Não importa quão boa ou ruim uma pessoa seja, ela vai magoá-lo de vez em quando e você precisa aprender a perdoá-la". O perdão muda tudo, meu neto.

— Muito mais que o perdão, vó, a atitude muda tudo. Não posso mudar o inevitável, eu sei; "a vida é dez por cento do que me acontece e noventa por cento da maneira como eu reajo ao que me acontece". Um dia eu aprendo, vó.